牧養新世代

蔡元雲、謝文策 著

牧養新世代
作者／蔡元雲、謝文策
策劃編輯／伍詠慈
文稿編輯／賴百樂
美術設計／劉碧雲　張超樂
出版發行／突破出版社
香港沙田亞公角山路33號突破青年村
電話：2632 0000　傳真：2632 0388
電郵：breakthrough@breakthrough.org.hk
網址：http://www.breakthrough.org.hk
http://www.btproduct.com
承印／海洋印務
2013年12月初版1刷
2014年5月初版2刷

Pastoral Care for The Young Generation
by Dr. Philemon Choi & Samson Man-chak Sia
First Printing, First Edition, December 2013
Second Printing, First Edition, May 2014

Printed in Hong Kong
ISBN 978-988-8246-06-9

誠邀閣下就突破出版社的書籍發表意見
歡迎加入突破書籍 Facebook page — http://www.facebook.com/btbooks.page
本書採用環保油墨印刷

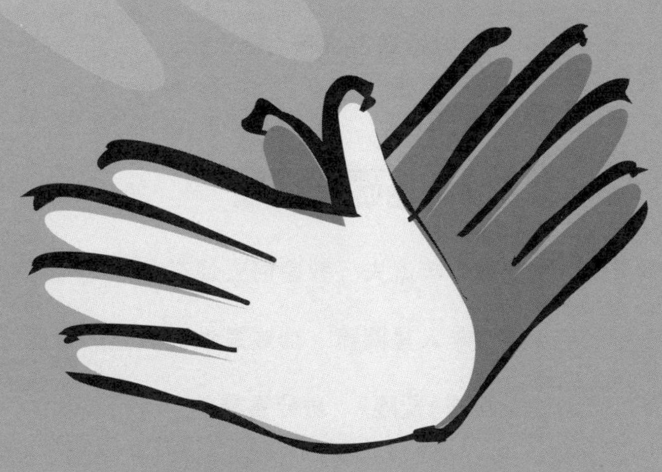

栽培新一代

年輕的心 驛動卻美麗

認識 貼近

關愛 同行

建造新一代更動人的生命

序——獻給摯友文策

《牧養新世代》的出版，主要是表達對謝文策弟兄的懷念。不單表達對這位在突破機構（簡稱「突破」）事奉、備受敬愛的同工的思念；更想藉此表達對他的欣賞，他那份單純信靠上帝的心，像基督一般牧養少年的真情；並且多年來他與自己所屬堂會及眾教會夥伴同行，同心尋找及牧養祂的小羊的那份堅持，都使我十分欣賞。

文策是我在突破共事 30 年的同工，他對大自然那份熱愛，是最先感染我的。我曾跟隨他多次上山、下海，穿插香港眾離島之間，他向我一一介紹他的朋友：每座山、每個小島都有名字；他對這些朋友何等尊重，十分親切。是創造山與海和大地的主，還有《聖經》的話語，讓文策領悟到「曠野」牧養的智慧。讀者可以從本書讀到他所寫與「曠野」相關的文章。

多年來，除了與文策在多項事工上合作外，一趟難忘的旅程是「1+4 教會青少年導師培訓計劃」（簡稱「1+4」）。「1+4」這個名字是文策起的：代表參與培訓的八間堂會，每間最少派出一位青少年牧者及四位青少年導師參與。

「1+4」是一個實驗課程，主要目標是共同學習牧養香港的新世代。八間堂會大小不一，來自不同宗派背景：其中有社區導向的教會，有與學校和福音機構作夥伴的堂會；有的在市區，亦有的在新市鎮。各堂會都坦誠展示他們牧養青少年的模式，不吝嗇分享他們的心得，表達他們面對的挑戰和掙扎。我相信讀者可以從這些堂會的經驗中得到啟發。

文策及一眾突破同工，與牧者和導師緊密同行，生命彼此培育，再思《聖經》牧養的真理，一同思考不同形式的青少年培訓。原來堂會與機構合作產生不少互建互補的功能。文策亦將他的牧養心得在「1+4」展示出來，每人都深受觸動。

我們除了摘錄同工寫下「1+4」歷程中的反省文章之外，亦將這課程的綱要和理念放在附錄（3.4.5），以供參考。最難得的是邀請了幾位對青少年牧養有負擔、有洞見的神學院院長及老師，分享他們牧養新世代的智慧。

這個珍貴的歷程啟動了突破多位資深同工再深思如何牧養新一代，我們發現青少年在決志信主後，並沒有上教會，流失情況相當普遍，於是我們啟動了另一項試驗計劃；「青少年事工培訓師」碩士課程，現在還在進行。

文策是我的摯友，他的家人艷歡和兒子定中、定山都是我十分欣賞的朋友：他們不單全力支持文策的青少年事工，亦對突破的事工參與、同行。文策所屬的堂會不單牧養文策全家、支持文策的事奉，並對本書的出版提供贊助，衷心感謝。

但願此書能夠成為教會和福音機構眾同工和義工的祝福：文策的生命與事奉，如何牧養新世代的思考，也讓我們看見三一神關顧青少年的心，以及祂自己的作為。

同頌主恩！

蔡元雲
突破機構榮譽總幹事

＊ 特別鳴謝岑耀培先生創作詩詞，刊印於章首頁。

Chapter 1

基礎理論篇

蔡元雲

1.1
青少年流失，教會何去何從？

明白

只要你眼光放遠
總有歌聲為你打氣　加油
請不要放棄　為小事懊惱
也不要心灰　為瑣碎張狂
智慧每天多一點
從錯裏每日長大
如不能避免敗筆
請好好修復前行
跌交摔倒起返身
恩雨之聲要感激
感謝身旁每人的鼓勵
不忘一生中最愛家人

2004 年 6 月 10 日的「教會的未來研討會」，給我帶來難忘的震撼，當日在永光堂匯聚了超過 2000 名來自全港各堂會的牧者和青少年導師。大家持着一個共同的信息，就是覺得青少年牧養十分重要，但缺乏長期委身的牧者和導師 —— 新一代的青少年牧養者在哪裏？

更嚴重的是，現今的青少年基督徒不一定上教會，我們正面臨一個全球性的現象，就是教會青少年急遽地流失了 ——

· 香港的人口分布，青少年（10至24歲）佔 19 %。從不同的普查中，自稱是基督徒的青少年約佔 15%，而定期去教會聚會的只佔青少年人口的 3%。身為香港的青少年工作者，這是一個令讓人痛心的數字。

· 著名傳道人薛華博士（Dr. Francis Schaeffer）早已宣告歐洲進入「後基督教年代」，歐洲的教堂內難尋青少年的蹤影。

· 美國的教會也呈現青少年流失的現象，遂特博士（Dr. Leonard Sweet）指出，後現代文化像海嘯般，將年輕的一代從教堂捲走了。

· 北美一位華人牧者呼喊「為主贏回第二代」，因為北美華人教會未能找到牧養下一代的方向，更難尋找牧養第二代的牧者。

· 2007 年底，我參與了一個在新加坡舉行的「青少年事工研討會」。約 300 位來自新加坡、馬來西亞及印尼的牧者及導師出席，仍是一個呼聲：青少年牧者及導師奇缺，華人教會失去第二代的青少年！

我在台灣、加拿大、美國及澳洲等地都親眼看見同樣的現象，教會找不到牧養青少年的同工、教會留不住新一代的青少年。美國東岸一位華人牧者告訴我，在那一區平均花七年時間才找到一位青少年牧者，而為數不少的牧者，只任職兩年，便轉移牧養其他年紀的信徒。

若要探討教會青少年流失的現象，必須重新檢視及反省四個觀念 —— **教會觀、使命觀、末世觀，以及牧養觀。**

教會：被揀選的身體

教會觀：今天，青少年眼中的教會是怎樣的組織或羣體？這是很值得思考的問題。

近年有幾個焦點不同的教會觀出現；各有強處，亦有盲點，以下這個圖表簡略地勾劃出幾種教會觀的特色：（參表 1.1）

增長為本的教會觀	健康為本的教會觀	使命為本的教會觀
會眾是邀請者	會眾也是牧者	會眾是宣教者
着重會友決志、受洗，加入教會	着重門徒訓練	生活以使命為中心
教會事工都有策略和計劃	成長活動是事工重點	為人增添權能
同工領導	隊工領導	強調個人使命
着意接觸未得救羣體，招聚他們	着重接觸社區	透過教會，社區得更新、釋放
教會不斷增加人數	重點培訓，以期內部小組增長	教會要植堂、增長
講求會眾的劃一性	容許教會多元化	拼圖式
以羣體為焦點	以教會為中心	以神為中心
實踐大使命	實踐最大的誡命，就是愛神愛人	實踐神的使命

表 1.1　三種教會觀

香港的堂會對上述的教會觀各有不同的體會和偏重。

然而，青少年信徒對教會真實的觀感又如何呢？

香港青少年覺得不管哪種類型的教會，全都保守內向，着重人數增長、購堂擴堂。堂會以活動及程序為中心，沒有做好個人關懷，忽視了信徒在現實生活中面對的挑戰和掙扎；重視堂會內部的健康、忽視社區及社會的更新。教會是一個以行政維繫的組織，過於是一個以愛維繫的羣體，傳福音似乎是惟一的使命、並不重視社會關懷，在教導上亦未能回應潮流與文化的衝擊，以致信仰未能與生活結合。

斯托得牧師（Rev. John Stott）在最新的著作《心意更新的教會》（*The Living Church: Convictions of a Lifelong Pastor*）中強調，教會是一個以基督為元首，且充滿生命力的羣體，一方面堅持《聖經》不變的真理，同時回應瞬息萬變的文化挑戰；不單着重敬拜、佈道、門徒訓練及以愛相交，更是全面裝備信徒，在世上成為光與鹽；在家庭、職場及社區中見證基督榮耀神，帶來文化及社會的更新。

教會是基督的身體，是聖靈同在的靈宮；信徒是上帝揀選出來的族羣，是君尊的祭司，是聖潔的國度，是屬神的子民。因為三一神的愛，信徒同氣連枝，在世間彰顯神的慈愛，更被差遣進入世界，為個人、家庭，以至社區的更新，秉持《聖經》的教訓，按神的心意建立一個彰顯基督生命的教會。

使命：指引方向

使命觀：一間堂會的使命觀，對方向及策略有很大的影響。華人教會一直將焦點放在「大使命」（The Great Commission）：「所以，你們要去，使萬民作我的門徒，奉父、子、聖靈的名給他們施洗。凡我所吩咐你們的，都教訓他們遵守，我就常與你們同在，直到世界的末了。」（太二十八 19-20）因此，不少堂會着重傳福音、擴張堂會，以及教會增長；相對於門徒訓練、信徒教導和關懷的力度，便顯得不足夠。我們看見不少佈道會都在堂會或校園內舉行，決志信主的青少年人數不算少，但願意留下、接受培育的人卻不多。

一般堂會的使命觀有一個盲點，便是忽視了「原使命」（The First Commission）——「神就照着自己的形像造人，乃是照着他的形像造男造女。神就賜福給他們，又對他們説，『要生養眾多，遍滿地面，治理這地，也要管理海裏的魚、空中的鳥，和地上各様行動的活物。』」（創一 27-28）

青少年如何在不確定的後現代成為尊貴的男女、在家庭解體的年代建立家庭、在價值及道德解構的世代養育下一代、在危機處處的地球上成為好管家，都是急需處理的課題。三一真神是創造的主，教會不能忽視主的託付，要承擔在世的文化使命，讓青少年看見教會信行合一。信仰不單關乎永恆的天國，也是關乎神的國度及旨意行在地上，與如何在地上建立家庭、在職場中重建文化、在地球村裏做個好管家及好公民。

教會的使命觀念會影響青少年的使命感和感召。倘若我們教導青少年只是看重傳福音，他們很難將信仰與生活接軌。除了獻身做宣教士或傳道人之外，他們還需要能進入世界，在家庭和職場中尋找到神的召喚，實踐「大使命」和「原使命」。

全球教會都在問「教會將整全福音傳給全世界」是什麼意思？萊特博士（Dr. Christopher Wright）強調要找到答案，倚靠真理的靈，明白全本《聖經》。我們不能忽視舊約，不要忘記「原使命」，我們敬拜、事奉的三一神，是新約描述的救世主，也是舊約顯示的創造主，祂賜給我們有福音使命，也有文化使命。

末世：盼望的實踐

末世觀：進入 21 世紀，叫人詫異的是全球各地為數不少的青少年，都有一種難以描述的悲觀和被動心態。西方心理學家稱之為「學習的悲觀」(learned pessimism),東歐神學家稱之為「承襲的被動」(acquired passivity)。依我的觀察,香港青少年是「習慣性倚賴」(habitual dependency)——對父母、傭工、教師、社工及政府的長期倚賴。

21 世紀瀰漫着悲觀氣氛,經濟全球一體化帶來經濟騰飛,同時惡化貧富懸殊;生物工程科技將人類生命延長,卻未能回應生命意義,基因工程也帶來不少憂慮。文明衝突不再是理論,自「911」後,全球對恐怖主義與強權主義的對抗充滿疑懼;「龍的世紀」竟然為世界強國帶來「威脅」的恐懼及諸般的防範;數碼世代將世界的距離縮短,卻是將人際距離拉遠。白基瀚博士(Dr. Hans Burki)觀察到人心正處於惶恐中的三種表現:抑鬱(depression)、上癮(addiction)及被動(passivity)。

唐慕華博士(Dr. Marva Dawn)在《無望世界真盼望》*(Unfettered hope: A Call to Faithful Living in an Affluent Society)*中,探討科技社會如何壓制我們,教會並沒有為「中心關注」而活,也沒有活出愛神愛鄰舍的核心價值,不少人仍然未能戰勝死亡和絕望。她宣稱:「我惟一的盼望是那終末性的盼望,現在神的國的特點是赦免,終有一天,上述衝突的消失將會是神國的特點」。(《無望世界真盼望》,頁 263)

《聖經》中列舉一些信心的見證人物,他們未必在有生之年理想成真,卻充滿盼望地走完人生的路:「他們卻羨慕一個更美的家鄉,就是在天上的。所以神被稱為他們的神,並不以為恥,因為他已給他們預備了一座城。」(來十一 16)

盼望的基礎是神的應許。應許能實踐出來,則是屬於將來,也是屬天的;然而,神的應許在今天也有兑現的憑據。亞伯拉罕心懷屬天盼望,但在地上也親眼看見子孫,得了神應許給他的迦南美地;約書亞仰望神永恆的國度,也親自帶領以色列人進入應許之地;所羅巴伯、以斯拉、尼希米等為着神的國和殿宇盡心竭力,同時在地上重建聖殿、聖城和聖約之民。

神應許的「新天新地」是將來的、是屬天的(賽六十六 22-24;啟二十一 1-5),但「新天新地」未實現前,人仍靠着主的恩典,一睹神的應許實現人間，仍然在地上會有新城的出現（賽六十五 17-25）。

我們深信主耶穌再來的應許必定會實現，在祂再來之前，天國的福音會被傳到地極（太二十四 14），以色列也會回歸接受基督（羅十一 25-27），「要照所安排的，在日期滿足的時候，使天上地上一切所有的，都在基督裏面同歸於一。」（弗一 10）《聖經》表達的末世觀，使我們在這充斥苦難的世間，仍然存有盼望。

在後現代文化孕育成長的一代，容易忘記歷史，對明天充滿疑慮。身為青少年工作者，我們不能對世上的苦難視若無睹，反而應該跟青少年一同進入現場，體驗苦難的真實性；同時因着十字架的福音，在苦難中經歷神的真理和恩典，實踐福音與文化使命。

牧養：視野的整合

牧養觀：一間堂會的「教會觀」、「使命觀」及「末世觀」，對青少年的「牧養觀」構成重大的影響。

倘若一間堂會的教會觀，只是側重傳福音及信徒數目增長，牧養的內容便會以佈道為主，活動也只是擴張堂會。相反，只是看重內部的健康，培育下一代時，難免只顧內視，停留在如何建立團契、執事會、人事及財務的管理等堂內的穩定和發展。對於青少年在家庭、學校及社區面對的考驗和挑戰，未必會有足夠的關顧及裝備。

若然使命觀不重視神的創造及祂賜給我們的文化使命，便會忽視了青少年在城市，以致世界中的召命，不能為他們穿起「全副軍裝」（弗六 10-18），在市井中成為基督的見證。

另外，要是末世觀只着眼最終的新天新地及永恆的國度，便會忽視了青少年在地上的身分，今生不能在地上承擔重建的使命，也不能祈求神國降臨，以及旨意成就在地上。

畢德生牧師（Rev. Eugene Peterson）及唐慕華博士合著的《顛覆文化的牧養之道》（*The Unnecessary Pastor: Rediscovering the Call*）是面對這世代再思想牧養觀的好書。他們強調，牧者與信徒都要以互相關懷為己任，重視創辦教會的核心價值和任務：生命的頌讚和敬拜，倚靠真理和聖靈戰勝幽暗的權勢，憑着榮耀的基督與聖靈，經歷生命的塑造和更新，建立屬於三一神的慈愛及公義的羣體。

小結：謙卑回歸

青少年牧養不單是有關技巧與模式的課題，我們的生命要謙卑地回歸到三一神，與祂結連，倚靠真理的靈，明白《聖經》的啟示——明白什麼是教會、使命、末世和牧養，在基督裏經歷潔淨和更新，靜候聖靈差遣，進入青少年羣體中，活出真理和恩典，與他們一同經歷生命的蛻變和成長，在世上彰顯神的慈愛和公義。

1.2

青少年是問號，抑或是教會貴重的資產？

寵壞

一跌不起　叫我冷漠延續
或是嗟怨　像是一沉百踩
以往不快教我傷心痛悲
沒法遇上真理想目的地

活在溫室的我不知好歹
父母過分溺愛縱容遷就
促使我一生不能自決
今天終於後悔與領悟

我對青少年的工作體會很深，他們面臨重大的危機，教會牧養他們也愈來愈困難，這正正是教會必須面對的。

多年前，我往澳門出席禁毒委員會的會議，發現澳門的經濟開始起飛。年輕人充滿目標，追求一份好的工作，但同時問題不斷浮現，他們為了追求感覺，開始吸食軟性毒品。

同樣地，中國有很多出色的年輕人，可惜內在質素出現問題。有一年，我以青年事務委員會主席的身分在一個全國研討會上，主講香港青少年問題，發現中國同樣面對這類的問題。

教會更新運動委員會於 2009 年作了全港教會的普查，我將會根據當中的數據來談教會的定位。

在突破多年的福音營中，發現了一個普遍的現象，就是不少青少年都是真心信主，卻不能在教會成長，而這現象並不罕見。我往歐洲旅遊，必定參觀當地的教堂，每一間教堂都很美麗，平日擠滿遊客，星期日卻沒有參加崇拜的人。這是英美教會面對的問題，只有少數者能留着年輕人。

這個狀況，也與現今教會青少年事工的定位有關，以下的表列，是我做的分析。(參表 1.2)

青少年事工模式 / 現況	不足之處 / 出路
中年領導	將青少年參與由主體（subject）變成客體（object）。教會是否以青少年為主體，給予足夠空間讓他們發揮？信任及放手給他們肩負責任，令他們有歸屬感。
分齡牧養	家庭牧養——家庭最影響青少年成長，也應該是讓年輕人得釋放的地方。家庭牧養的好處是「跨代」，不同年齡層都在一起相處，可以讓青年人完全流露真我。
中產家庭青少年居多	事實是上層（elite）與基層（grass root）青少年需要牧養，一個都不能少！
現代式	後現代（postmodern generation）——內容及模式都要更新。
比較內聚	要外展（outreach）——在學校、社區等，教會是「無牆」的。
本土思維	引入國際視野（global literacy）——青少年是天國子民，也是世界公民。
堂會為本	建立夥伴（network and partnership）——不要忽視家庭、學校與機構。
缺乏青少年牧者	培育青少年牧者及導師（Christian youth workers）。

表 1.2　青少年事工的不足與出路

若這個現象持續下去，教會將面對巨大的危機。教會大部分都是中年或以上的信徒，缺少了一羣 10 至 19 歲的青少年，而他們正是我們服侍的焦點。教會要牧養他們，必須有一羣委身的青少年導師，看到青少年的需要，被神感動去服侍他們，這無疑是一項嚴肅的委身決定。

牧養工作不只是主日的事，而是每天的事。牧養是進到他們經常出沒的場所，如家庭和學校，了解他們。我曾有八年時間，接待少年人到我家居住，才知道關顧少年人要顧及很多的層面，如起居作息、讀書交友，全都對他們有很大的影響。故此，我們必須接觸家庭及學校，以夥伴關係，和學校、青年的至親緊密合作，共同為青少年的生命成長努力。（參圖 1.1）

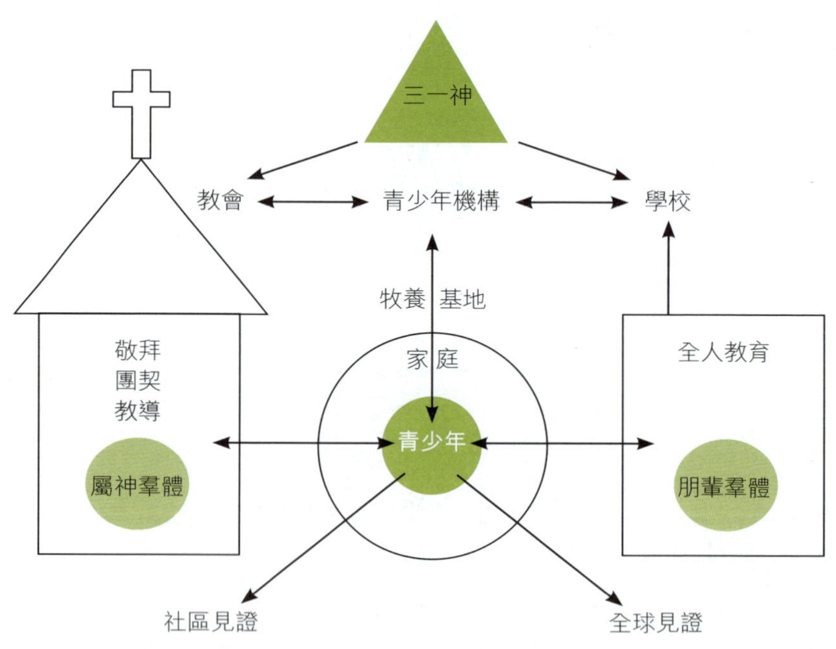

圖 1.1　教會青少年事工的夥伴關係

了解青少年，掌握城市文化

後現代教會的青少年，該得到怎樣的牧養？柏祺博士（Dr. Raymond Bakke）的經驗值得借鏡，他按着神的呼召，在芝加哥中央老區牧會30年。開始時，很多人勸他不要在城市的中央老區牧會，因為環境複雜，會影響下一代的成長。他堅持在那區主持堂會，發現教會最大的問題是太個人化，沒有因應城市的變遷而調節策略。他翻查教會歷史、牧養學歷史、社會學、神學等，為《聖經・創世記》到《聖經・啟示錄》中有關城市的課題，作了很多研究和深刻的反省，結集成《城市人，城市心——同建合神心意的城市》（*A Theology as Big as the City*）。21世紀需要面對的是城市，不再是個人。青少年在城市中長大，受這個城市影響，所以，教會要知道城市的規劃、政治環境和社會結構。2010年，估計中國有50%人口在城市居住，形成很多大城市出現，各有不同的結構。他相信城市是神工作的場所，亦是施恩的地方。

另外一位人物雅克・埃呂爾博士（Dr. Jacques Ellul），對近代神學深具影響。他研究世界社會及科技的發展，對城市這個課題作了深入的探討，也關注「城市宣教」的課題，值得青少年導師們參詳。他指出《聖經》的先知是進入世界的，每一位先知對城市的景況，如經濟、民生等都瞭如指掌，面對城市的方式卻各有不同，沒有一套放諸四海皆準的方式。譬如有時候，我們需要在建制裏，動員社會資源配合以培育年輕人，所以我們要了解城市的趨勢、社區的情況，才能夠真正接觸青少年。換句話說，我們要在城市服侍城市內的青少年。柏祺認為，城市是神施恩的目標；而埃呂爾則認為城市是最能體現人的最高成就，和人對神的叛逆，但神最終會透過城市來再造新天新地。

我再提出一些《聖經》人物在城市中的故事，值得香港的青少年工作者，在進入城市服侍年輕人前，好好細讀研究：

· 約拿與尼尼微（〈約拿書〉）

· 尼希米和以斯拉重建耶路撒冷（〈尼希米記〉、〈以斯拉記〉）

· 以賽亞描繪的理想之城（賽六十五 17-25）

· 保羅與以弗所（〈以弗所書〉；徒十八 18 - 十九 41）

· 神再造的新耶路撒冷（賽六十六 22 -24；啟二十一 1 - 二十二 5）

其中，我特別要指出保羅與以弗所城的互動關係。保羅如何進入以弗所城呢？

保羅知道，將福音傳遍羅馬帝國，必須要有策略，而他選擇從以弗所這個大城市出發。當時，人民深受希臘文化影響，最著名的推喇奴學房就是希臘哲學及文化的重鎮。自耶穌之後，〈使徒行傳〉時期的猶太人四散移民，羅馬政府容許猶太人保留自己的文化，會堂是他們的文化中心，也是學習語文及宗教基地，所以主要城市都有他們的會堂。保羅必定對城市作過深入的研究，他到以弗所後，天天在會堂中宣講，後來因羣眾太多而給人驅趕。他反而租用了推喇奴學房，繼續舉辦講座，與當地學者辯論，處理的是希臘文化。同樣，他亦在街上流連，為因拜偶像及行邪術而被鬼附的人驅鬼，震撼了整個城市。保羅所行的事，引發行邪術的人燒書，也因太多人聚集在會堂，影響生意，惹起當地企業家敵對，挑起暴動對抗保羅。以弗所城的書記表示，查明保羅沒有偷竊，亦沒有詆毀過他們的女神，暴亂便平息。保羅選擇尊重他們的文化，奉公守法，對城市的掌握和了解不是偶然的。我們應該學效保羅，研究自己的社區，貼近青少的生活，發揮最大的影響力。（參圖 1.2）

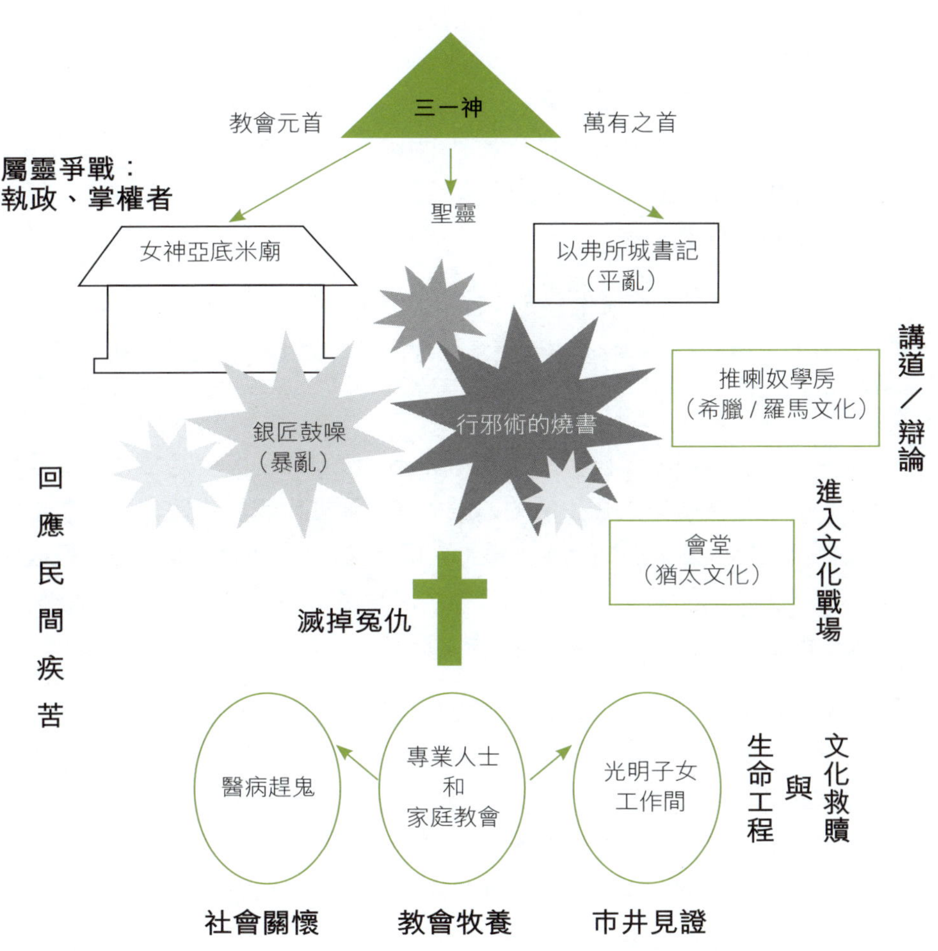

圖 1.2　保羅如何進入以弗所城

整卷《聖經・以弗所書》，透露出豐富的城市福音信息，也有很清晰的定位，包括：

- 三一神——萬有之首，教會之首
- 家庭是牧養的基地
- 學校是重要的外展場所
- 福音事工與社會關懷並重
- 文化救贖與生命工程並進
- 屬靈爭戰與裝備

青少年事工是一場文化打造，在城市裏頭進行，是一項生命工程（參太十三 1-23），藉着青少年工作者鋭意投身，讓青少年得以成長、滿有基督的身量。

另外，這也是文化救贖（Redemption of culture），就是福音不單是救贖個人，也是要帶來人類生活的改變。信徒要進入處境作鹽作光，產生轉化文化，成為改變人心的巨大力量。主耶穌宣告「登山寶訓」，是那麼振奮人心，讓羣眾的生活有了指向和目標，清楚地回應了當代猶太、希臘及羅馬文化的虛弱，進行了一場擲地有聲的天國文化教育。

要進行文化救贖，首要是重視文化土壤。我們可以用《聖經・馬太福音》十三章五至七節的「撒種」比喻作類比：淺土、石頭、荊棘按次序代表家庭、教育、傳媒等社會文化對青少年成長的影響。從事生命工程，也是經歷神與人同工，因為年輕的生命都是神的創造奇蹟。撒在土裏的種子，就是神的道，我們則是栽種者。讓種子生長，給土壤灌溉的，是青少年工作者、家長、教師和牧師的工作，工人不必擔心水分和養料，神自會有供應，因為神能使人生命更新、成長，祂會對這些生命負責。（參林前三6-11）

一位我很欣賞的牧者畢德生，他聯同唐慕華博士合著了《顛覆文化的牧養之道》。畢德生牧師以牧會 30 年的經驗寫下此書，唐慕華博士則從神學的角度，剖析現今牧者在教會中的重要性，並以《聖經》的角度出發，指出牧者被很多行政及事務佔據了，最重要的教導及牧養，卻沒有足夠的空間及時間去做，就連自己休息、在神面前等候得力的時間都不足，以致疲憊不堪。

當我見到一張又一張年輕的面孔，我不禁為他們祈禱：

主啊，使年輕人得見祢的面。

主啊！我深信祢憐憫香港這個城市，雖然香港經濟開始復甦，但我們盼望的是靈魂甦醒，求祢憐憫我們的城市。父母很忙碌，沒有時間照顧孩子；老師很疲累，課餘沒有接觸學生的機會；教會面對青少年束手無策，不知道怎樣牧養他們，我們懇求主，為了祢的名、祢的國度和教會的緣故，興起一羣願意為着這一代，將生命擺上的人。

主啊！我懇求祢尋找及感動牧者。今天很多牧師、傳道人參與服侍青少年，實在令人鼓舞，但他們在教會顧及的事務繁多，肩頭的擔子沉重，求祢加給他們力量，讓他們確定他們的呼召，也求主啟迪，讓我們見到怎樣建立下一代。

主啊！讓今天是一個起點，願我們謙卑地回到神的話語，相信聖靈的帶領，頭腦的知識固然重要，但更重要的是聖靈的工作、《聖經》的話語，還有祢在我們生命中留下的痕迹，讓我們願意跟隨祢。

從《聖經》領悟我們的角色

我如何看待青少年事工？神會揀選不同的僕人在不同的崗位作工，也會從各地呼召人來建立青少年。我深信神呼召我做青少年工作不是過渡性的，青少年是值得我們一生去服侍。從《聖經》中許多人物的遭遇，知道祂從來不輕看年輕人，神願意一步一步地與年輕人同行，直至生命經驗突破及成長。我建議青少年導師專心查考《聖經》中少年時已被神呼召的人物，追蹤他們一生的經歷。這些人物的經歷會為青少年導師帶來不同的反省，亦對我們看待年輕人有很大的衝擊和啟發。感動我的是耶利米，我非常認同他對主召喚時的回應：「我是年幼無知的。」

今日教會看不起青少年，覺得他們是問題，但我們要相信神會塑造他們。以下的表列，我提出六位值得我們查考及追蹤的《聖經》人物（讀者可以查考並循生命特質的方向默想）。

人物	身分	經文	生命特質
撒母耳	士師	撒上三 10	
大衛	君王	撒上十六 12-13	
但以理	宰相	但一 17-21	
耶利米	先知	耶一 4-10	
保羅	雙職	提前一 12-17	
提摩太	牧者	提前四 12-16	

表 1.3 《聖經》人物的生命特質

這些《聖經》人物，每一位都有不同的職分，神的揀選往往是出人意表，祂就是這樣培育少年人。在他們歸依基督前，主已經開始裝備他們，我鼓勵大家努力查考經文，將對我們有很大的幫助。

另一段道出牧養青少年要訣的經文，是〈路加福音〉十五章，耶穌所説的三個「失與尋」的故事——失羊、失錢與浪子的故事，體現了三一神同工的重要性。

三則故事必須連在一起查考，因為是代表聖父、聖子及聖靈的工作。第一則故事中，尋羊人代表聖子；第二則故事，很多人以為是失錢的故事，其實是迷失的女子，而燈就是代表聖靈；第三則故事，失去兒子的父親就是聖父。

當我細讀三個故事時，給了我很大啟迪。第一個故事記述耶穌選擇在圈外尋找那些迷失的羊，耶穌走遍各城各鄉，進入他們的圈子認識他們，現今教會則只關懷圈內的羊，撇下圈外的不顧，教會需要重新思想迷失的羊在哪裏；第二段故事談及聖靈的工作，開了婦人的眼睛讓她看見。最後一個故事記述迷失的兒子回家時，父親即時為他穿上袍子、戴上戒指及穿上鞋子，這幾樣東西正代表着兒子失去最寶貴的東西，就是尊嚴、身分及保護，最後父親甚至命僕人宰牛犢慶祝兒子回家，教會也應該反省有否給回迷失的羊所失去的寶貴東西。

- 聖子：尋找失喪的 → 外展行動
- 聖靈：照亮迷失的 → 聖靈同工
- 聖父：等候回歸的 → 為父的心

小結：教會培育青少年的目標

〈以弗所書〉講述神的全能，基督是教會之首、萬有之首（弗一 19-23），整個世界都服在祂的權柄之下，神的國度超越教會的牆。

教會是裝備青少年屬靈生命的重要基地，對青少年工作有負擔的導師、牧者要竭力達致成全聖徒、各盡其職、建立基督的身體（弗四 11-16），以及在真道上同歸於一，認識神的兒子，長大成人，滿有基督長成的身量（弗四 13）。

在教會外，社會是青少年生命操練、尋找並發揮召命的場所，青少年要作光明的子女（弗五 8-17）、作家庭的見證（弗五 22- 六 4）、作市井的見證（弗六 5-9），更要作地極的見證（徒一 8）。

附：教會青少年牧養事工檢視表

1. 從《聖經》對青少年工作的啟迪中，再看我們的堂會：

   · 如何提升對青少年的重視和信任？

   · 如何與三一神同工，讓青少年的需要得到滿足？

   · 如何造就及支援青少年，成為家庭、學校、社區中的「光明的子女」？

2. 再檢視我們堂會的現況，青少年事工的定位有哪些值得跟進、更新的地方？

3. 從「城市宣教」的角度來看，我們堂會的青少年事工策略有哪些方面需要再部署：

   · 如何加強「家庭為基地、跨代牧養」的概念？

   · 如何進入青少年的文化及生活現場，與他們同行，並給予牧養？

   · 青少年怎樣參與社會關懷，堂會如何配合？

4. 堂會在開拓青少年事工時，有哪些夥伴可以並肩作戰？如何建立夥伴關係？

5. 堂會中有願意長期委身青少年事工的牧者和信徒嗎？如何發掘、支援、長線培育這些青少年導師？

教會青少年牧養 Q&A

問：少年人大多數不喜歡回家，如何能以家庭作為基礎來牧養？

答：家庭牧養是空間的問題，少年人並不喜歡完全脫離家庭，只因父母的約束，令他們表現得若即若離。父母在他們的心目中，仍是最重要的人物，所以父母必須要學習放手，讓家庭成為釋放少年人的地方。

問：教會放手將責任交給青少年，但如何同時與他們一起成長，成為他們的生命師傅？

答：昔日慣常以教師為中心（teacher-centered）的教導方式過於操控，但若以學生為中心（student-centered）的方式，恐怕學生未有足夠的成熟程度去處理，所以我們應以真理為中心（truth-centered）教導青少年，且容許他們在錯誤中學習成長，切忌將相對的事變成絕對化，或將絕對的真理變成相對化。教會在空間上亦要配合，設計一塊特定的角落給他們，讓他們產生歸屬感。

問：教會與家長有時會產生很大的張力，家長未必喜歡教會所舉辦的活動，兩者應該如何合作？教會又如何與學校成為夥伴呢？教區聯會是否合適舉辦大型聚會？教會如何在聯繫家庭及學校上定位？

答：香港的家長及老師既忙碌又勞累，教會像從前一樣委以重任，已經不合時宜，但需要建立長線的關係，家長及老師亦需要被牧養，使他們重新得力，才能深化青少年事工。若教會要舉辦大型的聚會，只會令家長及老師更疲累，最好以家庭聚會的方式建立關係。這實在需要投放很多時間和心力慢慢建立，我們必須徹底委身，若不是神的呼召，便不要隨便去作。《聖經》說我們是和平的使者，我們要在家長及老師之間扮演這個角色，避免成為功能性的關係。

1.3

回歸《聖經》，身分重尋

祢的教訓

將需要向天父禱告祈求就必答應
凡事謝恩凡事交託凡事盼望
必賜下神蹟要你驚訝不已
必施行公義叫惡人收口
必給足夠恩典叫你綽綽有餘
必賜予瑪門教你豐衣足食
必帶你行過死蔭幽谷
兩雙足印抱你經過困難黑暗日子
祂雙手釘痕撫摸你痛苦
被打斷肋骨明白你受傷
祂流寶血為眾人洗淨罪內
萬事互相效力　叫愛神的人得益處

從事青少年工作接近 40 年，我最深切的盼望，是看見他們的生命更新成長（spiritual formation）。關鍵是讓青少年來到基督的跟前、藉着耶穌與神復和、領受新生命，並且持續地成長，而《聖經》是過程中不能缺少的橋樑。

《聖經》記載這個好消息：「神愛世人、甚至將祂的獨生子賜給他們，叫一切信他的，不至滅亡，反得永生。」（約三 16）

耶穌親自宣告：「我來了，是要叫人得生命，並且得的更豐盛。」（約十 10）而且祂強調，祂是人與父神生命結連的惟一途徑：「我就是道路、真理、生命；若不藉着我，沒有人能到父那裏去。」（約十四 6）

祂邀請我們藉着查經尋找生命之道：「你們查考聖經，因你們以為內中有永生，給我作見證的就是這經。然而，你們不肯到我這裏來得生命。」（約五 39-40）

他也教導我們，要倚靠聖靈明白真理：「只等真理的聖靈來了，他要引導你們明白一切的真理；因為他不是憑着自己說的，乃是把他所聽見的都說出來，並要把將來的事告訴你們。他要榮耀我，因為他要將受於我的，告訴你們。」（約十六 13-14）

認識神、得生命不是一個腦部活動，而是在心底深處認識自己是個罪人，認罪、悔改接受基督，也是人生歷程中最重要的經歷。這是聖靈的工作：「他既來了，就要叫世人為罪、為義、為審判，自己責備自己。為罪，是因他們不信我；為義，是因我往父那裏去，你們就不再見我；為審判，是因這世界的主受了審判。」（約十六 8-11）「因為所賜給我們的聖靈將神的愛澆灌在我們心裏。」（羅五 5）

同樣，查考《聖經》是重要的步驟，學習認識並倚靠聖靈的指引。我與青少年同行時，亦與他們查考《聖經》，我稱之為「生命查經」。所以，我鼓勵教會，透過生命查經，與青少年一起學習，以《聖經》人物的生命為借鑒，重建身分和美善靈性。

生命查經的概念、內容和步驟

一、明白青少年的生命處境

青少年的文化與生活處境，是他們生命成長的土壤，青少年工作者就像是撒種者和澆灌者。不單要留心自己撒的是什麼種 —— 是生命之道；還要關注土壤的狀況 —— 不能忽視挖土、除石、除草、拔掉荊棘；並且要長線澆灌 —— 讓心田得到滋潤、生命的種子得到養分；更要懇切的禱告 —— 因為只有神叫生命生長。（太十三 1-23；林前三 6-7）

香港青少年的生命呈現三種危機：

1. 身分的混淆

每個人都有多重身分，每一個身分代表着生命的歸屬、權利、責任、承傳和承擔。以下幾個重要的身分，都出現一些混淆的迹象：

· **香港公民** —— 香港青少年的公民意識參差，在英國政府管治時期，公民教育並非受重視的項目，「清潔香港」是青少年早期承擔公民責任的醒覺。一直以來，參與選舉、從政的年輕人並不熱烈。《聖經》鼓勵我們為居住的城市求平安，為建設城市獻出力量。（耶二十九 4-7）

· **中國國民** —— 香港的青少年沒有國家觀念。九七前的移民潮，以及九七後的回歸潮，香港新一代一下子擁有多個國家的護照。九七後才開始推動國民教育，最初電視台播放中國國歌，香港市民也很抗拒。香港人的身分多樣化：中國籍的香港人、香港居住的中國人、持外國護照的香港人、外國籍的華人等。其實《聖經》也有國家觀念，被擄到巴比倫的少年但以理，既投入巴比倫，承擔國民責任；亦沒有忘記他原本的祖國，不斷的為以色列及家鄉代求。（但一、九）

· 世界公民——多個國家都推動世界公民、地球公民意識，盼望促進青少年對環境保護，以及種族和平共處的心態和責任。《聖經》看重我們管理之責，對地球，以至一切受造物都要關心和承擔。(創一 26-30)

· 天國子民——我們在地上的身分不容忽視，我們是基督的見證，而神的國也要降臨地上。香港青少年對於天國的身分感覺更疏離，絕大部分都不明白什麼是天父的兒女、天國的子民、基督的門徒這尊貴的身分。

· 尊貴男女——我們是被神所創造，按着祂的形象成為男女，性別身分是尊貴的，因而造就二人在婚姻中結合，成為夫婦；為父為母，男女之間彼此尊重，聖潔地相交；在婚姻裏保持聖潔，育養下一代（創一 18-25、27-28)。在西方推動「性革命」後，兩性的身分、關係、角色，都出現前所未見的混亂。在與青少年共探身分的意義時，不能忽視如何肯定男與女這尊貴的性別身分。

未來學者都預測 21 世紀是「龍的世紀」，經濟學者推論「中國改變世界」，美國總統顧問建議中美要成為夥伴，雙方和平共處。當全球面臨文明衝突、家庭解體、兩性關係混亂，主耶穌再來的日子臨近，我們不能不重視新一代的身分和角色的重建。

2. 迷失使命

現代社會都重視提升「競爭力」，在知識型社會立足，看重專業知識和技巧的培育，以增加個人收入和提升社會地位，將香港建設為一個世界級的經濟城市。在這文化中，專業人士常常處於競爭氛圍，不會生出「使命感」(vocation—sense of calling)，即是以「僕人領袖」的心態，付出自己的生命與才能，服侍人羣，建設城市、國家，以至世界。

教育學者的研究，告訴我們每個人都擁有不同的「智能」，《聖經》說，聖靈將不同的恩賜分給信徒，好使各人貢獻所長，建立基督的身體（弗四11-12）。使命不是神職人員的專利，信徒和祭司都有自己的「使命」，按着自己的才能、恩賜、喜好、個性、內裏的呼喚，為神、為人、為社會、為國家獻出自己的力量。

《聖經》教導我們：「沒有異象、民就放肆」（箴二十九 18）。不少基督徒學者、神學家，都在使命這課題上作出深入的反省。所以，我們應該與青少年從《聖經》看什麼是使命，尋找個人或羣體的天職。

3. 心靈的失連

這一代最痛苦的是「心靈切斷」（disconnected soul）——「成長歷程中未曾與人深層接觸，因此自覺沒有人認識自己，從未經歷過被信任的驚喜，亦從未曾經歷過愛與被愛的欣悅。」（*Connecting: Healing for Ourselves And Our Relationships: A Radical New Vision*）

「後現代文化」孕育出來的人，偏向個人主義，不斷追尋個人感覺上的滿足，失去羣體的支援，甚至與家人疏離。

《聖經》向我們啟示：「神就是愛」（約壹四 8），主耶穌向我們顯示，生命的終極關懷是「盡心、盡性、盡力、盡意愛主你的神，又要愛鄰舍如同自己」（路十 27）。青少年的生命成長，必須學習並經歷與神與人的心靈連結。

二、從《聖經》尋找真理，靠聖靈經歷恩典

從青少年的生命處境中，呈現了三個重要的課題：身分、天職、羣體。從《聖經》中發掘神的啟示——明白這幾個主題的意義、實踐途徑，以及實踐的處境。

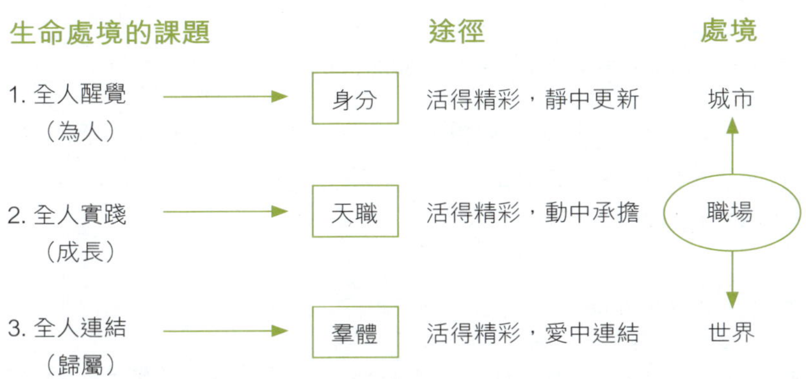

圖 1.3　範例：「生命查經」之「活得精彩」（FULLY ALIVE）

主耶穌應許賜給我們豐盛的生命：展現精彩人生，要從《聖經》中尋找並明白真理，從新、舊約《聖經》中選取一些經文，從中尋求明白三一神在歷史中的作為，祂如何與人連結，肯定他們的身分。

身分（identity）——全人醒覺（fully aware）

1. 屬靈身分（spirituality）

- 新造的人——掃羅與基督相遇，眼光、生命、關係、目標、職分更新的過程。（林後五 14-21）

· 在基督裏 —— 因為天父的愛、基督的救贖，又藉着與神的道和聖靈的連結，經歷「在基督裏」的真實生命更新。（約十五 1-4、七 37-39；詩一 1-3）

· 聖靈與情慾 —— 得到神兒女的身分後，人仍然經歷生命裏聖靈與情慾的相爭。（加五 16-26）

2. 民族身分（ethnicity）、性別身分（sexuality）

· 身分與天職 —— 以斯帖作為猶太女子的身分，成為波斯王后，其中經歷了民族身分和性別身分的掙扎，最終肯定自己的身分和天職。（斯二 5-15、四 13-17）

3. 國家身分（nationality）

· 超越身分 —— 猶太人但以理，少年時被擄，在巴比倫及瑪代波斯經歷民族與國家身分的跨越，他的天國與地上國度的觀念使他跨越多重身分所造成的矛盾。（但一 1-21、九 1-6）

從新舊約《聖經》中選取一些經文，從中尋求明白三一神在歷史中的作為，並且看祂如何與人連結，讓他們落實天職。

天職（vocation）—— 全人實踐（fully actualized）

1. 共同天職

· 原天職（first commission）—— 神按自己的形象創造男女，並囑咐他們承擔自己的性別角色、建立家庭、養育後代、保護自然、治理大地與地球生物的文化天職。（創一 26-31、二 18-25）

· 大使命（great commission）—— 基督在十字架完成救贖使命，人類進入末世，在聖靈的同在同工下，信徒肩負直到地極的全人福音天職。

（太二十八 16-20；徒一 1-11）

2. 個人天職

· 揀選和塑造 —— 神是揀選者、呼召者、塑造者、差遣者、同行者，每個人都在神的恩典中，擁有獨特的個人天職。（耶一 1-10、17-19、十八 1-6）

從新舊約《聖經》中選取一些經文，從中尋求明白三一神在歷史中的作為，並且看祂如何與人連結，經歷神與人相愛的羣體。

羣體（community）—— 全人連結（fully connected）

1. 與神連結

· 與天父連結 —— 牢記天父恩惠：在赦罪、醫治、救贖、供應、加力的生命歷程中，與天父連結。（詩一零三 1-13）

· 與聖靈連結 —— 三一神又像母親，是聖靈將這份愛澆灌在我們心內。（詩一三一；羅五 1-5）

· 與基督結連 —— 跟隨基督，不單要認識祂，並要天天捨己，背起十架跟從祂。學效耶穌，往祂所帶領之地，做祂所交託的事。（太十六 13-28）

2. 與人連結

· 十字架的羣體（community of the cross）—— 人與人、國與國，都有很多有形無形的牆；只有十字架能化解仇恨 —— 人與神和好、再彼此和睦同居。（弗二 13-21）

· 彼此洗腳的羣體 —— 人在家庭、教會、學校、職場中最難處理的，就是人際關係 ；各人都要做「領袖」，要勝過他人。真正的「領袖」，是謙卑為人洗腳的「僕人領袖」。（約十三 1-17）

- **外展的羣體**——社會裏有很多「切斷」(disconnected)的人，他們可能是貧窮、傷心、瞎眼、被擄，或被困的人。愛鄰舍就是謙卑地與這些苦難中人同行，憐憫的意義就是「共苦」(compassion)，亦一同經歷神的恩典。(路四 18-19、十 25-37)

三、經歷生命被塑造的過程

查考《聖經》與生命更新是不能分割的，否則查經只是一項理性的活動，並未達到生命被三一神更新、塑造的目標。

畢德生是我喜歡的神學家，也是屬靈導師。他為生命更新寫下一個簡潔的定義，並且為這個過程歸納出**六個步驟**，我在這裏作簡單介紹：

定義：生命更新是一個過程，被塑造成為基督的形象，為了祝福他人。

過程：

·**預備查經：**

步驟 1：silencio 寧靜 —— 放手（let go）

（心境的轉移：從控制到接收、從資訊到經歷、從觀察到順服）

·**生命查經：**

步驟 2：lectio 朗讀 —— 吸收（sensing）

步驟 3：meditatio 默想 —— 深思（thinking）

步驟 4：oration 回應 —— 感受（feeling）

步驟 5：contemplatio 靜觀 —— 等待（waiting）

·**落實《聖經》：**

步驟 6：incarnatio 入世 —— 行動（acting）

（進入生活的場景，實踐神的話）

「生命查經」不是理性的研討，參與者必須真心向神敞開生命，並有勇氣檢視自己生命的成長歷程，讓聖靈透過《聖經》重新認識自己、並讓神更新自己的生命。

至於選讀的經文，需要按着青少年生命中害怕面對的考驗而選擇。查經是為了明白《聖經》，首先進到昔日的歷史及文化處境中，察看神為什麼在當其時對當代的人說這些話，這需要嚴謹釋經。然而，只有聖靈能帶我們進入真理，這不單是理性的工夫，也是要靈魂的甦醒。

《聖經》是神所默示的，部分內容只是針對當時處境而應用的。（例如

「女人若不蒙着頭，就該剪了頭髮，女人若以剪髮、剃髮為羞愧，就該蒙着頭。」（林前十一 6），這段《聖經》很切合 2000 年前的哥林多，不是指今天所有婦女都要蒙頭。）然而，《聖經》中有關神、人、世界、撒但的真理是超越時空的。查經要了解經文對現今的生活有什麼意義，不單是應用的問題，也牽涉釋經問題——那些跨越時空、文化的真理，可把教導處境化，將《聖經》的道理與當代的文化，甚至不同的學科對話，尋求結合與貫通。（例如掃羅悔改，改名保羅，有其文化處境和獨特過程；今天的青少年成長及文化處境不同，他們的更新過程也有不同——只是天父的慈愛、基督的救贖、聖靈的工作依然不變；〈哥林多後書〉五章十四至二十一節這段經文，對現今香港的青少年，肯定有適切的意義。）

青少年對寧靜、默想、禱告、靜觀都感到陌生，這些「屬靈操練」（spiritual disciplines）與查經不可分割，要嘗試結合進行。所以，帶領查經的人，本身需要實踐並學習教導這些「屬靈操練」，若青少年跟隨學習，樂在其中，便可改變自己的生活節奏。

「生命查經」是一個互動的過程，是組長和組員之間的互動，查經者與聖靈的互動。組長不是一個講道者，他要引導組員發掘《聖經》的真理；同時要學會發問、引導組員思考，亦要學習聆聽、回應組員的疑問與心靈狀況。組長還要有敏銳的心，學習辨別聖靈在自己及組員心中進行的感動和指引。查經組長不是心理輔導專家，卻是「生命導師」，他身體力行，實踐真道，以生命影響生命。

組長和組員都要學習寫「生命札記」（life journal），將查經中領受的真理，作為檢視自己生命的明燈，誠實地將生命的狀況記錄下來，並且透過禱告，邀請聖靈進行更新的工作，也將這個過程細心寫下來，化作認罪、悔改、得更新，或感恩稱頌的禱告。生命查經不單是聆聽、領悟，也是回應、順服及禱告的操練。

「生命查經」小組的人數不宜太多，這樣才有空間和時間彼此交流、深入查考及同心禱告，讓小組成為心靈支援的小羣體，一同經歷生命更新。

若然小組能夠安排一些「外程」(outward journey) 的現場體驗和經歷，則更加理想。(例如查考「愛鄰舍」時，不妨到一些有身心靈需要的地區或院舍訪問，更能感受處於苦難中的人的需要，以及體驗何謂「同苦」。)

最後，以一位基督徒教育工作者的體會作為總結：「教導是創造空間，可以從中實踐對真理的順服。」(To teach is to create space in which obedience to truth is practiced.)

這「空間」不單是指物質的空間，也是心靈的空間；「順服」是從聆聽和明白開始，進而「捨己」；「真理」都是源於神的 —— 包括自然界蘊藏的真理，和神親自啟示的真理；至於「實踐」—— 聽道不行道的信心是死的。

小結：藉《聖經》更新

上帝的話就是迷途生命的亮光，青少年的生命應該建立在《聖經》的基礎上。耶穌說：「我就是道路、真理、生命；若不藉着我，沒有人能到父那裏去。」(約十四 6) 又說：「道成了肉身，住在我們中間，充充滿滿地有恩典有真理。我們也見過他的榮光，正是父獨生子的榮光。」(約一 14)；「只等真理的聖靈來了，他要引導你明白一切的真理。」(約十六 13)；「你們若常常遵守我的道，就真是我的門徒；你們必曉得真理，真理必叫你們得以自由。」(約八 31-32)。《聖經》記載了生命之道，「生命查經」是一個生命操練的途徑，藉着《聖經》，倚靠聖靈，讓三一神更新我們的生命。

本章參考書目

- Leonard Sweet. *Soul Tsunami: Sink or Swim in New Millennium Culture.* MI: Zondervan, 1999.（中譯：吳蔓玲譯：《鴿子型教會》，台北：校園書房，2007。）

- 李道宏，《為主贏回第二代》，Houston, TX：美國福音證主協會，2008。

- John Stott. *The Living Church: Convictions of A Lifelong Pastor.* Downers Grove, III: InterVarsity Press, 2007.（中譯：譚達峰譯：《心意更新的教會》，台北：校園書房出版社，2012。）

- Christopher J. H. Wright. *The Mission of God's People: A Biblical Theology of the Church's Mission.* MI: Zondervan, 2010.（中譯：鄧元尉、祈遇譯：《上帝子民的宣教使命：關於教會宣教使命的聖經神學》，新北：橄欖出版社有限公司，2011。）

- Marva Dawn. *Unfettered hope: A Call to Faithful Living in An Affluent Society.* Louisville, Ky.: Westminster John Knox Press, 2003.（中譯：陳永財譯：《無望世界真盼望：科技社會中的信仰生活》，香港：香港基督徒學生福音團契，2006。）

- Marva Dawn and Eugene Peterson. *The Unnecessary Pastor: Rediscovering the Call.* MI: Eerdmans, 1999.（中譯：陳永財譯：《顛覆文化的牧養之道》，香港：天道書樓，2006。）

- Ray Bakke. *A Theology as Big as the City.* Downers Grove, Ill.: InterVarsity Press, 1997.（中譯：鄧達強譯：《城市人，城市心：同建合神心意的城市》，香港：宣道出版社，2001。）

- John Naisbitt. *Global Paradox: The Bigger the World Economy, the More Powerful Its Smallest Players.* Pennsylvania: William Morrow & Co. 1994.（中譯：顧淑馨譯：《全球弔詭：小而強的年代》，台北：天下文化出版股份有限公司，1994。）

- Erik Izraelewicz. *Quand La Chine Change Le Monde.* France: Grasset, 2005.（中譯：姚海星、斐曉亮譯，《當中國改變世界》，北京：中信出版社，2005。）

- James Canton. *The Extreme Future: Top Trends That Will Reshape the World in the Next 20 Years*, New York: Dutton, 2006.（中譯：楊海譯：《極端的未來，超越未來的十大趨勢》，上海：三聯書店，2008。）

- Samuel Huntington. *The Clash of Civilization and the Remaking of World Order*. New York: Simon & Schuster, 1996.（中譯：黃裕美譯：《文明衝突與世界秩序的重建》，台北：聯經出版事業股份有限公司，1997。）

- 關啟文、洪子雲編著，《愛與慾 —— 基督教性神學初探》，香港：基道出版社，2003。

- Keith Intrater, *From Iraq to Armageddon*. Shippensburg, PA: Destiny Image Publisher, 2003.

· 蔡元雲，《敢夢想飛——Young life 召命導航手冊》（增訂版），香港：突破出版社，2011。

· Parker J. Palmer. *Let Your Life Speak: Listening for the Voice of Vocation*. San Francisco: Jossey-Bass, 2000.（中譯：吳佳綺譯：《讓生命發聲》，台北：商周文化事業股份有限公司，2005。）

· Marva Dawn. *The Sense of the Call: A Sabbath Way of Life for Those Who Serve God, the Church, and the World*. MI: Eerdmans, 2006.

· Lawrence J. Crabb. *Connecting: Healing for Ourselves and Our Relationships: A Radical New Vision*. Nashville, Tenn.: Word Pub., 1997.

· 關啟文、張國棟編，《後現代文化與基督教》，香港：香港基督徒學生福音團契，2002。

· Parker J. Palmer. *The Active Life: A Spirituality of Work, Creativity, and Caring*. San Francisco, CA: Jossey-Bass, 1999.

· M. Robert Mullholland. *Invitation to A Journey: A Road Map for Spiritual Formation*. Downers Grove, III.: InterVarsity, 1993.

· Eugene H. Peterson. *Eat This Book: A Conversation in The Art of Spiritual Reading*. MI: Eerdmans, 2006.（中譯：吳蔓玲譯：《聖經好好吃》，台北：校園書房出版社，2008。）

· Richard J. Foster, *Celebration of Discipline: The Path to Spiritual Growth*. New York, NY: Harper & Row Limited, 1978（中譯：周天和譯：《屬靈操練禮讚》，香港：香港基督徒學生福音團契，2003。

· 蔡元雲，《生命影響生命》，香港：突破出版社，2006。

· Parker J. Palmer. *To Know as We are Known*. San Francisco: Haper & Row, 1993.

Chapter 2

夥伴配搭篇

2.1
引言：
好夥伴，不可或缺

蔡元雲（突破機構榮譽總幹事）

青少年的牧養工作，若然單靠堂會牧者承擔，他們肯定疲於奔命，培育及關懷的事工定會不夠全面、深化。故此，堂會需要深入探討堂會、學校和機構之間的夥伴關係。

堂會及機構都缺乏青少年工作者，要培育新一代的青少年工作者，實在有賴神學院、堂會、機構各按所長，全心全意的合作。

我們都渴望青少年的成長，好像主耶穌的歷程般：「智慧和身量，並神和人喜愛他的心，都一齊增長」（路二 52）；最終「長大成人，滿有基督長成的身量」——愛主愛人，在家庭、教會及社會中實踐神召，成為基督的見證、世上的鹽、世上的光。**若要這樣，家庭、堂會、學校及機構要互相配合，從而發揮協作的動力，建立青少年。**

家長是最重要的牧養者

〈箴言〉給我們記下牧養青少年的智慧：「敬畏耶和華是智慧的開端；愚妄人藐視智慧和訓誨。我兒，要聽你父親的訓誨，不可離棄你母親的法則。」（箴一 7-8）明顯地，**父母是青少年成長期的重要基石，父母與子女的關係最為密切，接觸時間最多，對青少年行事為人的影響，最為深遠。**倘若親子關係動搖，缺乏家教依傍，青少年的成長肯定遭受創傷及虧損。

回看香港，確實有很多破碎家庭、單親家庭、雙職家庭，甚至是暴力家庭；而且面對後現代文化、傳媒的多元文化、無法規管的網上文化、價值混淆的朋輩文化，今天為人父母者，實在困難重重，背後可說是一場屬靈的爭戰。

堂會是屬靈培育的基地

青少年的成長，需要扎根於神的話，他們的生命更新是聖靈的工作；鼓勵他們追求聖潔的生活，需要有屬靈導師和同行者。

堂會是青少年屬靈培育的基地，也是青少年牧者重要的實習場所。堂會的牧養是無牆的，不局限於堂會內（舉行主日崇拜、主日學、團契等）；牧養的領域可延伸到家庭、學校及社區，青少年牧者的實習也要進入這些生活的場景。堂會要有長遠的策略和目標，也要有具體的青少年事工方案，才可鼓勵有意從事青少年工作的義工，待他們清楚明白事工的原委、內容後，能立志以服務青少年為他們的生命職事。堂會的領導者又要對青少年義工多加鼓勵和督導，假以時日，當能見到成果。但要切記，不可灰心，服務青少年的耐性與堅持極度重要，萬里長城亦非一天便能建成。

堂會的主日崇拜、主日學及團契，都是屬靈培育的重要場景；教導時把《聖經》與生活接軌，形式要活潑，內容要深入淺出。除了針對青少年，設計培育事工，也要增加親子教育、建立師徒關係等元素。凡此種種，都需要大量義工與青少年同行。生命就是這樣層層承傳——青少年需要導師，導師需要有經驗的領袖栽培指導，信徒皆祭司，堂會務要總動員起來。

學校提供全人教育

我們高唱「求學不是求分數」，然而「求分數」的文化仍然相當普遍。校長、老師、家長、學生都在這種文化中受到壓制。

教育改革提倡「通識教育」，包括價值的教導、全人的培育；學校亦組識不少課外活動，為學生的身、心、社、靈提供教導。學生需要關心社會，學校亦應當鼓勵學生參與社會事務的討論，開闊視野。學校有責任培植「全人教育」的師資，並且給予老師及學生足夠的空間，學生方可全面成長。

機構提供生命、文化教育

青少年工作機構是站在青少年生命與文化培育的前線，亦是青少年工作者得到實習和督導的重要場景。青少年工作機構在不同領域，如青少年文化、成長、「生涯規劃」及召命尋索中，都能夠為青少年工作的培育作出貢獻。

在現今的社會中，青少年工作已演變成為一項專業。一個青少年工作者本身要具備成熟的生命和文化素質；對於青少年亦要有深度的了解，例如青少年成長所面對的危機與契機，以致培育的理論和技巧，都需要若干程度的掌握，才可成為青少年的同行者和導師。

香港的青少年工作機構為數不少，盼望未來能建立一個健全的網絡，消除不必要的競爭或事工重複，有策略地與學校及堂會結成夥伴，一同為培育新一代作出貢獻。

40 年以來，突破從事青少年的「生命工程」及「文化救贖」事工，進行不少相關的研究及實踐，仍然自覺不足，持續在內部進行培訓同工、義工，並且向外不斷學習新的理念和模式。作為服務青少年的機構，最重要是能與學校配合，也要思考如何與堂會合作，以致推動全人教育和通識教育，發展更全面的「生命工程」，建立青少年的羣體。

總結以上所述：

- 堂會對青少年與家庭的牧養
- 學校對青少年的教育、與家長建立夥伴關係
- 機構向青少年和家庭提供培訓、輔導、家庭生活教育及親職教育，成為青少年成長的支援。

倘若學校、家庭、堂會能成為夥伴，加上青少年工作機構提供培訓、輔導，以及家庭生活教育各方面的專業支援，青少年的成長將會更全面、更廣且深。

神學院培育人才

受過全面裝備的青少年工作者極度缺乏，倘若未能在短短的時間內堵塞這個缺口，青少年的培育工作肯定出現危機，教會及社會都需要關注如何發掘及栽培適合的人才，培育明天的領袖，這個房角石角色，神學院實在當仁不讓。

神學院在培育青少年工作者的領域中，扮演十分重要的角色。青少年工作的神學裝備包括人觀、世界觀、歷史觀、文化觀、教會觀、使命觀、城市宣教觀，以及末世觀；他們亦需要屬靈導師，指導他們如何穿起「全副軍裝」（弗六 10-18），告知他們生命怎樣成長得更像基督。**神學院的教授進入青少年工作者的場景，明白他們所面對的挑戰，才可將神學理論和屬靈指導與現實生活接軌。**

互為肢體，建立身體

我從醫療工作轉到青少年工作，鬆土、除草、撒種是我的承擔；施肥、澆灌則是堂會的職使；生命成長和文化更新是神的恩典和作為。然而作為前線青少年工作者，必須緊密地與堂會結為事工夥伴，方可將青少年帶到基督面前；而培育新一代的青少年牧者和工作者，更要與神學院結為夥伴。我體會到「肢體」功能不同，在基督裏可結合成為一個「身體」，是神早已啟示的真理——在青少年的牧養事工上，既要順從聖靈、建基於《聖經》的真理，更是按天父的心意在基督裏合一。

分別代表青少年機構、教會、校園團契和神學院的梁永泰弟兄、鄧雪貞姊妹、黃月英牧師和楊詠嫦院長會在以下章節向我們剖析青少年事工，青少年牧養的未來，也是教會的未來。他們會從文化救贖、校園青少年事工、生命更新、堂會牧養等不同的角度，分享他們的深入觀察、具體建議，對青少年牧養有深刻的反思，值得細讀參考。

2.2

教會的未來——
進入文化現場的青少年牧養

梁永泰（突破機構總幹事）

青少年工作者與青少年之間的文化差異

突破創辦之時，先是出版以青少年為對象的雜誌，開展在青年人羣體中的文化工作。同工的首要條件，是大家都須有一顆關懷青少年的心。當時我 20 餘歲，創辦人蘇恩佩叫我加入；我第一個念頭是：我自己也是青年人，能有什麼貢獻？究竟有什麼東西，可以超越自己，而又能傳遞給他們？我是否太年輕，沒有什麼可授予他們，只適合作他們的同行者？最終我還是投身其中，蘇恩佩要求我們先了解大眾文化。年輕人都活在大眾文化的薰陶中，在大眾文化的教導中長大。我大開眼界，原來大眾文化是這麼一回事，我恍然大悟，我跟年輕人的距離，同樣也是青少年工作者和受助者之間的距離，並不在於年齡，而是在於文化的距離。

這個文化的距離，雙方都是受着外在客觀因素所影響的。有些元素共通，但有些元素卻因應不同的年齡和志趣而有所分別。我嘗試從幾方面分析。

首先，從事青少年工作的，往往忽略文化的層面，但這相當致命——我們會跳過文化的範疇，將福音傳給青少年，將神的話教導他們！然而一直以來，我們都是單向的傳福音，不管他們作何打扮、上哪間學校、喜歡什麼電視節目，總之，只希望他們默默地接收我們給予的信息。

我們沒有興趣了解青少年天天接觸的大眾文化，有時甚至覺得這些文化是負面的，只是傳遞不良的信息，荼毒青少年，製造了很多青少年問題。青少年覺得人生沒有意義，崇尚物質主義等等，這全都歸咎於他們接收了大眾文化意識，因而大受影響。有人則認為，文化是中性的，並不需要太大的關注。什麼年齡的人就會做什麼事，成長就是這樣的了，這是成長心理學研究的範疇，與文化扯不上關係。有些人則覺得基督教是西方信仰，其文化對青少年是合宜的，於是往外國學來一套理論，回來後就投身青少年工作，並沒有理會事工理論的檢視、身處的文化的反思。事實上我們需要作客觀的判斷，並不是照單全收，以為全都可以實踐出來的。這些看法，在在都會影響我們對青少年工作的態度。最大的陷阱，我們反受大眾文化影響而不自知，還會把大眾文化灌輸的概念帶進事工，例如訓練青少年要出類拔萃，強調競爭能力，結果無形中將城市講求的競爭文化融入。在青少年事工當中，我們一般都持有上述種種對文化的錯誤觀念。

做好文化裝備，提升青少年工作的能力與內涵

簡單而言，要做青少年工作，便要培育出對文化的興趣和認識，這是不可避免的。當然，文化是有機的，也沒有特定的形式，若要了解身處的文化，概括地來説，只有循序漸進地親身進入理解身處的文化，當中沒有一條既定的程式。文化與成長的關係至為重要，有怎樣的文化處境，便培育出怎樣的人。例如孟母三遷，就是盼望孟子在適合的文化中成長。小孩會模仿周圍環境的人，不光是你説什麼，他便跟着做什麼。我們只看重信息本身，而沒有留意傳播信息的區域文化，他們是如何生活的。文化能夠塑造人的習慣、價值、性格，以及身分。所以，首要是明白文化是重要的。我們不要以為，神的話語一出，一切不徒然返回；這是對存心逆叛者的警告。反之，神的道是循循善誘的，《聖經》也説，凡有耳的，就應當聽，正如耶穌撒種的比喻，種子有落在好土中，但也有落在荊棘、石頭、路邊的。種子是否生長，在乎土壤的成分，在乎是哪一片空間，這亦是當年恩佩經常説的「鬆土」，神的道沒有文化空間來承載是不可能的，關於這方面，我們應該嚴正思考。

其次，我們要認識及善於運用媒介。媒介不僅是傳福音的工具，派發單張，或在網上發表言論，把《聖經》金句 post 上去，然後叫人信主而已。現今青少年活在網上的世界，有一些普及的元素，共同關注的資訊及話題，都在這空間互動參與，不單是旁觀，更要參與其中。所謂社會的議程（social agenda），是為大眾所關注的，可引起大量討論的話題，都是在媒介世界發生的。我們對媒介必須有較深度的認識；媒介不單指它的內容，其形式也影響我們思維的方法，例如有一些是説故事形式，有一些則是音樂影帶播放，都是交錯的、感受性的，甚而是非理性的，而文字則是理性

的，有起承轉合。這些形式都影響青少年的思維，以及如何作出決定。至於在 facebook，或是其他不同的平台上，幾個人一塊兒討論，怎能冀望內容有深度，與一篇一千字的文章相提並論？形式限制了內容，也限制我們所要言說的信仰真理。所以如何運用媒介，其實也是文化的一種。

第三，我們的基督如何介入文化？利查．尼布爾（Richard Niebuhr）的《基督與文化》（*Christ and Culture*），道出基督和文化看似相對，而基督又如何超越文化、平衡文化、改變文化；基督是道成肉身的主，進入了文化當中，本身便是不可與文化割裂的。耶穌身為猶太人，活在律法之下，且身為人子；文化亦是神的創造，從創造開始，一同成形，所以創造具有神學觀，基督徒要服侍青少年，便得了解文化，不單是批評分析，但也不能將大眾文化「搬字過紙」，人有我有，人家祈禱的我又祈禱，反之要創造文化。教會有那麼多歌曲，為什麼對音樂媒介沒有任何影響？教會有聖禮，為什麼對影像、電影媒介沒有影響力？我們有《聖經》，但對於文字、對於典籍、對於人性，為何只有寥寥可數的作品？因為我們對神的創造和救贖的關係，沒有深入的探討，只關注天國觀，卻很少顧及大地、人心、創造和文化。我們說新天新地，其實新天新地就在此時此刻的地上，要永遠長存，那就要靠文化、文字使之長存。將來有黃金階、碧玉城、生命樹、紅瑪瑙紫水晶，全都是 art and culture（文化藝術），就是最初的伊甸園也是一種藝術，但我們好像視而不見，這是一個極大的忽略，全都放在一旁；只想着超越它，神化它或天上化，不求更深理解。

其實，**基督教信仰與大地、與文化、與創造，甚而與將來的新城結連，倘若將觀念改變過來，便有所不同了。**我們應該存着對天上的盼望來創造地上的城市：「願你的國降臨；願你的旨意行在地上，如同行在天上。」（太六 10）盼望能和青少年一同創造大地，到了那一天，一同進入新天新地。所以，對於文化的重要性，對於媒介作為文化的認識，對於我們的神學觀，或許全都要作出修正。

「天國福音」vs「屬地文化」

除了接受裝備，青少年工作者應該認清自己是有份創造歷史的人，這定位很重要。保羅說我們既是地上的子民，也是天上的子民。我們永恆的盼望也影響着今天的生活。

我們每一個人，都像雅克·埃呂爾（Jacques Ellul）在 *The Presence of the Kingdom* 所說，因為有永恆的盼望，故此今天要關懷世代，作鹽作光；務要轉變，好像內裏能發酵似的。我們亦是歷史的創造者，承接神的創造和救贖。當我們得到救贖，便要繼續以救贖的思想、生命來創造世界。同樣地，**青少年工作者也是創造世界，創造一個以神為中心的歷程，不單人生要改變，整個世界的結構或是文化上亦得以改變，甚至需要文化救贖。**回到《聖經》，看看神的啟示，「神既在古時藉着眾先知多次多方地曉諭列祖，就在這末世藉着他兒子曉諭我們；又早已立他為承受萬有的，也曾藉着祂創造諸世界。」（來一 1-2），這是一個漸進式的多元文化。開始之先，創造世界，神便叫亞當為動物起名（naming），而雅各每到一個地方便起名，這些都讓我們明白，我們在世上的身分是改革者、創造者、建立者，又有基督與我們同工，祂的救贖，同時也救贖文化。所以青少年工作者，不單談裝備，也談自我身分。

尊重文化，承傳文化

青少年是我們現在和將來世界的承繼人和開創者，從事青少年工作，我們一定要有遠象。遠象要從天國而來，從對將來的願望，也從神最初創造的原意而來；後者見於〈創世記〉，前者見於〈啟示錄〉。青少年工作者正是栽培青少年，讓他們認識及承傳神的創造、救贖，以及應許的角色。

因此，我們的角色要有神的形象，要學像基督。那麼基督又是誰？基督是先知，對罪惡、對身處的社會的風氣作出批評，對人世間的悲傷與失望予以肯定，有正面的，亦有反面的。基督也是祭司，帶着祭牲，把神與人連結。我們說的中保，英文是 mediator，本就是媒體，從事連結的工作。這亦有屬靈的表徵，象徵看不見的永恆。基督是君王，為世界萬物賦予價值，起名是文化創造。基督是牧羊人，保護羊兒；若我們經過死蔭的幽谷，祂會與我們同行。基督是教師，教師用比喻啟導學生，使人明白自己，開拓空間來認識真理。教師將神放在人心中，發掘他最優秀的一面。基督是醫治者，像摩西，經過 40 年在曠野的黑暗，同時得到醫治，重整身分，重獲安慰，重新肯定心中的異象。基督是救贖者，必須進入人間的罪惡、人間的苦難、人間的困境中犧牲救贖。所以，神呼召青少年工作者，是去釘十字架，以基督作榜樣捨己，將自己的生命擺上。當他望向青少年，便想到「他必興旺，我必衰微」，因着青少年放下生命，從而得着生命，有殉道者的要求與況味。最後，基督是再來的君王，管治新天新地及新耶路撒冷。

如果我們了解以上所述基督的幾種角色，我們也在當中不斷學習，繼而栽培青少年活出這些角色，青少年工作便很有前景，這將會是一幅最美麗的圖畫。

總結而言，文化是重要的，我們首要是尊重文化；第二，基督的工作是在文化中承傳的，而青少年工作亦是一種文化、是文化的創造、批判和繼承；最後，我們要學效基督，青少年工作者要承傳使命，使青少年成為開創和建立世界者。

2.3

如何培育新一代的青少年牧者和導師

鄧雪貞（香港基督徒學生福音團契總幹事）
採訪：岑碧玉

青少年生活的場景與特質

香港基督徒學生福音團契（簡稱 FES）主要服侍對象是學生，校園是其「基地」，並在其中進行門訓，訓練學生領袖（當中兼顧技巧訓練及生命培育），務求長遠地成為教會信徒領袖，在教會及社會作委身，以及成為有承擔感的基督門徒。

現今的青少年，一邊被鼓勵作多角度思考；另一邊卻活在一個以經濟為主導、着眼人的功能的社會，他們易感迷惘。他們被確認地位的地方都是在建制內，但他們對建制失望，充滿強烈的無力感，容易悲觀，但又不敢發聲。有些即使投入建制及主流，但又會變得被動。

不過，近年社會政策回應貧富懸殊現象不力，解決不到年輕人找工作的問題，因而多了青少年表達訴求。對於社會上的不公平現象，他們反應強烈，表達不滿，繼而付諸行動。另外，大學生畢業後，找工作亦得不到保障，聘請他們的公司都用短期合約形式，薪酬不高，與此同時，他們卻要開始償還政府借給他們的學生借貸。

不論是否基督徒，香港學生都受着同一種價值觀洗禮。功能主義滲透不同層面，大學經營模式也造就消費心態，影響着老師與學生的關係；學生亦成為供應給市場的商品，人的價值就只建立在其功能上。年輕人會受朋輩影響，所以基督徒羣體的見證和影響十分重要。若基督徒本身對生命沒有熱切追尋的意欲，其行為、活動跟非基督徒相近，便很難影響身邊的朋友尋找信仰。

人際關係也是現今青少年不容易處理的生活課題。這可能歸究於這一代青少年多為獨生子女，或生於成員較少的家庭，容易把自己視為世界的中心，不懂關懷別人；複雜和快速的成人世界，亦令他們傾向保護自己及表面化。

然而青少年的優勢，是沒有太多包袱，他們正處於建立價值體系的階段，可塑性很高，有待發展，他們的生命還有很多可能性。

青少年服務的策略與特色

FES 的理念是在學界推動整全福音，宣講與踐行並重，訓練門徒，包括訓練基督徒同學作理性思考，培育基督徒學生領袖。培育學生有多種的形式，例如查經小組、讀經營、門徒訓練營、領袖訓練課程等等。FES 在校園扮演支援的角色，尊重學生作為主體，強調學生主導，一切決策都由學生催生，FES 從旁協助，例如籌辦聯校團契、佈道及訓練等。

在具體內容方面，我們不單建立青少年個人的信仰生命，也着重信仰羣體的建立。在個人與信仰方面，協助青少年尋找自己的特性，以及個人獨特的召命，建立以基督信仰傳統作為基礎的價值體系，鼓勵學生擁有活潑的生命，積極參與校園團契，整合《聖經》知識，並於生活中實踐，例如想像昔日《聖經》事蹟，發生於今日場景，個人會怎樣抉擇、回應。

至於信仰羣體方面，FES 鼓勵學生實踐相顧相愛。這是一個互動的關係，在當中可發現自我，自我亦可得到成全；在羣體生活中，過着分別為聖的生活，這也是很重要的見證。

青少年導師的素質及裝備

FES 重視導師在帶領團契週會前，有否先對所選定的課題作深入的反省、思考，然後設計週會內容？導師需要將信仰與生活貫通，如多閱讀，探討生活課題，有所領悟後，才跟青少年分享，引發討論。經過這樣的歷程，才顯得有血有肉，才可與青少年同行；另一方面，且要有勇氣及熱誠，分享自己的看法、立場，重要的是，自己亦真實地在生活中實踐信念。青少年工作者要知道自己不是在扮演角色，或履行責任而已，乃是學效基督，道成肉身，以恩典及真理與青少年一起生活，並感同身受。

我們學習謙卑，對別人開放心靈，不要預設立場，宜邀請青少年以互動形式作真誠交流，如此做法，會有新發現。然而，導師既要堅持真理，清晰表達自己對生命的承擔及價值觀；也要樂意與青少年對話，不怕受到衝擊。

同一心志

FES 藉着青少年主日，向教會分享異象、事工與負擔。另外亦有主領神學院或策劃導師訓練課程、跟教會及學校團契導師分享青少年牧養及學生工作理念、方法等。神學院訓練牧者，是牧養不同年齡、不同背景的會友，而不是專注培訓牧養青少年的牧者，故此，機構可在這方面提供支援，分享前線經驗及理論。

FES 與教會是夥伴關係，在校園建立學生門徒，又為教會培訓青少年導師。

我們需要在不同的生活範疇牧養生命，教會的目光需要超越堂會框架。如果只是規範青少年在教會內事奉，這會導至與社會脱節，亦未能接觸不返教會的青少年。傳福音的場景應是外展性的。

很多學生不能每週返教會，所以在校園內成立團契是很重要的，這是見證的羣體，並能服侍一羣未能返教會的青少年。傳福音不能只着眼叫別人返自己所屬教會。教會應以差遣的胸懷，差派學生在校園內服侍。現時不少學校有校牧、福音幹事駐校服侍，或許有時牧養的羊，最終不是返自己的堂會，而去了別的堂會，但仍可帶着寬廣的胸襟，彼此接受、配搭及祝福。

FES 多以啟發的方法與青少年同行，並培育他們的獨立、批判思考，進入及敏鋭於生活文化。有時，青少年在教會，會互相作比較，若教會弟兄姊妹不接受其批判思考，可能會覺得他們有問題，因而產生張力。作為機構，我們有責任教導被服侍的學生，不應自義和驕傲，要注意自己的思想免於偏頗；而教會牧者和導師亦需多與青少年進行對話。

牧養背後的信念，大家未必相通。如上所述，生命培育不宜限於定時定點的教會聚會，盼望堂會以差遣的姿態，鼓勵年輕會眾參與堂會以外的事奉。如堂會相信及鼓勵青少年在堂會以外的參與，其經驗可促進以下幾方面：

- 信仰生活經歷更豐富
- 學習變得立體
- 將在其他場景的經歷和學習帶回教會
- 建立整全生命，長遠地看，在教會接棒，並建立教會

迎向挑戰

若要抗衡社會對人扭曲的價值觀，在訂立堂會及機構事工目標時，需要謹慎計劃，不要將人的生命功能化和價值量化。生命成長是長線的事，質比量更為重要，避免以人數增長或參加人數作為首要目標、或以青少年事工發展，作為填補教會年齡斷層問題，而忽略關心青少年本身。

我們要迎向的挑戰是：在眾聲喧鬧、價值混亂，甚至人性被扭曲、真偽難辨及不公義的世代，我們如何能按真理牧養年輕一代，如何認清敵人，不分宗派、組織，在主內連成一線，在世同心宣揚那愛和公義的福音？這實在是不容易的工作。

我們需要跟年輕一代一起有所堅持，並勤於思考；且要在神、在人面前心存誠實和謙卑，共同迎向以上的挑戰。

2.4

堂會與青少年牧養

黃月英（五旬節聖潔會永光堂主任牧師）

永光堂與青少年

永光堂有很多年輕人，我們會分開不同年齡層來牧養。牧養青少年的經驗多了，知道一切都是以人為本 —— 我們很強調「人」的牧養。我見到有不少教會的青少年工作者很想尋求突破，看看有什麼策略和技巧，而在這方面下工夫鑽研。永光堂有一個優勢，就是勝在人多，所謂人多好辦事；用人來建立人，**我們由始至終的策略是激勵、造就信眾，再由他們來造就下一代，這是第一個方向。**

其次，我們只會將目光放在會友的可取、正面之處，不會死心眼地、認定一個人諸多缺失，無藥可救。**我們看待人，包括導師和小羊，只會看他們是充滿機會和可能性，態度永遠積極，我們抱持一個信念，就是青少年將來會成為永光堂的領袖。**我們把這個意識，從他們小時候，便播種在他們心裏 —— 有一天，他們要接班，要帶領永光堂前進。一代延續一代。在永光堂有些少年人，從前我是他們的導師，今天他們已是教會的事奉人員，在另一個階段與我們同行。牧者跟青少年的距離不會遙遠，不會以為所謂的牧者，就是一撮在議會內操控教會的人。他們感受到的，就是與教會一起成長，因着自己的成長，正在塑造教會的歷史，以及建設教會的未來。永光堂是一所不斷向前邁進的教會，過程中他們可以表達意見，有可擔當的角色，這是很重要的成長因素，至於如何達成目標，有什麼策略，我覺得一點也不重要，其實任何教會都能做得到的。

教會、家、校合作

如要牧養青少年，教會的青少年事工觀念須不斷更新，我們也正在改變。從前，學生留在教會不回家，回家後，一定被家長罵得體無完膚，甚至受到責罰。父母對永光堂又愛又恨，為何永光堂留住了及塑造了他們的兒女，他們卻無法辦到，好奇心驅使他們來永光堂看個究竟。當他們置身永光堂時，他們會感受到這個羣體是關懷他們的孩子的，不是要利用他們為教會賣力，反而是塑造他們的兒女，結果父母也受吸引來聚會。我們有一個伉儷團，成員就是少年人的家長，由於團員之間背景相同，彼此建立了很好的團契支援。這方面的事工漸漸成型及成熟。

過往這些父母不理解，一味罵我們，我們又只一味解釋，解釋沒有作用便作罷；現在教會和家長的對話機會多了，加上會友數目增加，可以差派更多成熟的兄姊做家訪；同時學校也有一個家長團契，組員是不信主的，我們走入他們的團契，信主的家長便向他們傳福音，請未信的家長上教會。他們會向未信的家長解釋，子女在教會有什麼活動，又聆聽他們的心聲。很多父母投訴，子女在教會很幫忙，在家中卻一個指頭也不動，我們便會在當中進行調節和平衡。我不敢說我們已盡善盡美，相信仍可以不斷進步。

第二方面，是和學校的合作。我們跟永光書院的聯繫，相對地是寬鬆自由的。我們很歡迎老師來永光堂聚會，學生來永光堂也是自由選擇，不是規定了的一項課外活動。然而教會則隨時作好準備歡迎學生到來，所以我們有一個中一預備班，教會中的學兄學姊會邀請、介紹中一師弟師妹參加，不用學校費力。

至於未來的願景，是為老師們的靈性提供支援。現今教育變得由市場主導，老師承受很大壓力，信仰如何幫助他們面對這般沉重的壓力和要求？我們不是要他們來，而是我們要去，去到他們當中做福音工作。這是一個新穎的策略。

權威與反權威

一間以牧養青少年為主要事工的教會，一般都會遇到一個問題：現今的青少年往往是反權威的。如果教會以權威來領導他們，會否有點不識時務，顯得反傳統？首先，我們必須釐定「權威」的意思。權威可被譯作 power 或者 authority。一般人的權威只限於位置上的權威，也就是指職位賦與他的權威，例如導師、助導的權威，重視規律、紀律上的層次，即是因為我的身分，而有權力執行紀律，所以你要服從我。但這種權威的局限在於，若果我不在其位，就與你無干。稍高層次的權威是建立一種關係上的權威，表示讓他在你的職分以外，進入你的生命。這仍是不足夠的，更高層次的權威是 personhood，即指整個人格的感召力、生命的影響力；要讓對方感受到你重視他的生命，你有意識去培育他的生命。

一直以來，永光堂的牧者、導師都不會停留在位置上的權威，而是升格到個人特質的權威，發揮個人生命的感召力，活出神的道。這種權威是需要強化的。其實青少年不是漠視權威，只是選擇了不同的權威，一些他以為正確的權威。由於他們未曾遇到好的生命導師，便自行選擇，方便他們選擇的，就是時下的一些演藝界偶像，不乏「粉絲」，偶像說一句，猶勝過別人說十句。又或是網上文化，有 say 就有權威，一呼百應。我們應該提供另類的權威選擇給青少年，強化教會屬靈、生命價值的權威。教會不應埋怨他們反權威，反而要好好檢討，為什麼當青少年尋找可跟隨的權威時，我們卻將這個義務拱手相讓予別人，令我們自我癱瘓。每一代的青少年經歷同樣的成長掙扎，教牧和導師都走過同一條路，為什麼我們認為年輕人不會聽我們的一套？因為我們沒有用新的演繹方式、新的語言跟年輕人溝通。

為年輕的生命賦予意義

以上所說的，並不是要抹殺青少年事工的難處，或叫人覺得永光堂很有能力。從事校園福音的人都知道，學生信主很容易，但流失率也很高。一旦離開校園，升上大學，還未踏出社會，他們已揚棄了信仰，更不會上教會。青少年要在神的家裏扎根，極為困難，教會就是無法留住他們。永光堂也不例外，同樣要面對青少年流失的問題。青少年在教會羣體裏尋找認同，但隨着成長，到達一個地步，不但想要羣體認同，更想找到自己的身分。他們開始人生的另一階段，有另一階段的需要，問題在於教會往往無法回應他們的需要。為什麼我們不能回應？青少年成長有很多需要，不能只在教會喊口號，過一下癮就算。他們成長至某個階段，有功課的掙扎、家庭的困惑、內心的呼喊。我們缺乏足夠訓練的導師，與青少年同行，這都構成很大的困難。

我們有 350 個導師及輔助導師，他們也算得上是優秀，但我們缺乏足夠的時間，幫助導師整理內在生命，以致他們可以與青少年相伴同行。青少年工作屬於人的牧養，若然人出現了問題，卻沒有另一個人可隨時填補。牧養青少年不是一個程式，或只是點一下名，多一個、少一個都沒關係，相反，這需要時間，需要與他們交談，一段關係需要一段時間建立。這種服侍很快便耗盡導師的時間與精神。青少年導師的身心疲累，心靈枯竭的情況，有目共睹。千萬不要忽略導師，他們是青少年事工成功與否的重要支柱。我正帶領一個使命小組，牧養一羣導師已經兩年。小組有 12 人，每次他們都出席，分享近一個月的事奉情況，一羣導師走在一起，彼此分擔支持，他們都有共同的話題，如分享到更多更深入的生命內涵及意義，就最為理想了。

2.5

神學教育
與青少年牧養

楊詠嫦（播道神學院院長）

《聖經》牧養，不二法門

教會青少年事工必須以《聖經》建立事奉觀、內涵、價值。事實上，若果不先從《聖經》汲取動力，工作根本做不來。《聖經．申命記》記載：「也要殷勤教訓你的兒女。無論你坐在家裏，行在路上，躺下，起來，都要談論。」（六 7）由此可見教導下一代是神的使命、心意，明白並非單靠我們一己之力，就能放心去幹。我們從《聖經》看見青少年工作的重要性，有了這份動力，才可運用《聖經》的價值觀建立青少年工作者，讓他們具備這種生命內涵，才可以繼續幹下去；若是死靠自己，恐怕工作只能維持一、兩年。青少年工作是一份使命，包括父母，也是扮演着青少年工作者的角色。

至於如何運用《聖經》來教導青少年，則要全面地看上帝怎樣指引我們，傳承祂的教導。整本《聖經》十分着重傳承的觀念，從以色列人的歷史開始，一代傳一代，新約亦是如此：保羅傳給提摩太，提摩太又揀選適合的人選來承繼。即是說，《聖經》一向有傳承的觀念。而我們看青少年工作的使命，都是從《聖經》而來的，那麼這就可從《聖經》整體上考究承傳的方法。《聖經》有很多這方面的教導，我們可以把一切整合起來，例如《聖經》傳遞的價值觀、與神的關係、對世界的看法等，慢慢再傳授給下一代。

青少年要有好榜樣來跟從

一般教會都從狹窄的角度看待青少年事工，認為只需兩、三個導師帶領青少年工作便已足夠。其實，教會應該全面檢討青少年事工，對事工的未來發展，有相應配合的目標和藍圖，皆因青少年工作是需要多方面配搭的。例如教會普遍忽略了父母，除了教會少年人的父母，一般教會很少接觸青少年的父母，或根本不知道需要接觸。其實，倘若父母不合作，即使青少年工作表現得如何出色，也會遇上極大阻力。其他需要配搭的方面還包括學校、教會各部門、神學院等。

我想道出的是，教會的青少年工作須要整體一起參與，參與的意思不是指教會所有人都直接參與，而是教會要配合青少年工作。舉例來說，給予青少年挑戰，叫他們去服侍，青少年部可能要跟傳道部配合，找出可以合作的地方；或是培育青少年學習敬拜的話，青少年部就跟敬拜部合作等，也就是說，不應該只是青少年部作工，而是整體以緊密合作的方式進行。因此，教會的青少年工作是整體性的。

現代人生活忙碌，青少年工作者無可避免地忙碌過活，沒有時間接受神學訓練，那麼他們能否勝任？答案是他們的裝備未夠全面，但仍可出一點力。從《聖經》中發現影響下一代最重要的元素是榜樣。保羅曾說：「你們該效法我，像我效法基督一樣。」（林前十一 1）可見榜樣是最重要的。因此，若果有人在神學方面裝備不足，卻是一個基督的好門徒，也能作好榜樣，加上有心關顧青少年，讓他們跟隨他學習，也可以成為一個有成效的青少年工作者。怎樣成為一個榜樣，其中涉及很多學問，例如委身、對信仰的認真、身體力行實踐《聖經》的教訓，而他從事的工作，也能堅守、結合《聖經》的價值觀，和人生的抉擇，又能將其中的掙扎、恩典和年輕人分享等……一個青少年工作者能活出好榜樣，個人認為已是成功的一半。倘若他有時間接受專業裝備，自然更全面、更理想。在主後一、二世紀的教會，並沒有將青少年工作獨立、清楚分別出來，但同樣有成效。因此我認為青少年工作最基本的條件，是青少年工作者委身成為基督的門徒，那麼他的生命才能成為榜樣，影響下一代。

神學院應正視青少年工作

即使我們作為神學教育工作者，也未必看重青少年工作，這是由於我們受業的年代，並沒有青少年事工的觀念。直至我們從事神學工作，神學教育仍缺乏全面性，以致忽略青少年工作，但我們可以透過教育，讓神學教育工作者重新着重青少年工作的重要性。

各神學院的院長、教務長、老師須要明白，七成的院長和教務長都在18歲前信主。事實上，很多教會正在老化，接棒方面形成困難。不單教會的接棒重要，整個社會的基督徒接棒亦然。因此，先要把這個信息傳遞予各間神學院的老師，好讓他們容易在教學上融入、整合青少年工作的元素。即使神學院不以青少年工作為主，起碼亦有這方面的願景。正如教會要配合青少年工作，神學院亦同樣需要，教育是第一步。

有了這個願景，神學院就能從課程方面着手。現時，許多神學院修訂課程時，就無法融入青少年工作的元素在課程裏。相反，若老師有長遠的目光，在修訂課程上就有更多空間。課程始終涵蓋很多東西，或許青少年工作的元素未能佔一大部分，但我們可以把它納入核心裏，能夠在核心中佔有位置，才可訓練牧者具備願景。然而目前的困難，往往在於牧者畢業後，認為自己不是專於青少年工作，只把工作「外判」給一、兩個同工，自己就好像置身事外。因此我們先要培養牧者具有這個願景，他們要帶領整間教會去配合青少年工作。現時課程的核心要包括青少年工作的培訓，關鍵是能否加強這個元素，所以我們可以在課程修訂上多做一點。

長遠地説，神學院均已着重再培訓，不能只是一個學位就能完成訓練，已經畢業的，多會繼續進修，攻讀教牧學博士學位。神學院亦正洽談開辦深造文憑（Graduate Diploma），以實用性質為主，幫助學生整合事奉。深造文憑的內容有較多空間，可加入青少年事工的元素。若果畢業生完成核心課程後，領受神召去事奉青少年，他們就可以透過深造課程來進修、發展。如此，神學院可以為教會培育一批具專業裝備的青少年工作者。

綜合來説，神學院包含數個層面進行培訓 —— 先從老師着手，引導他們，加強青少年事工元素，成為核心，繼而放入進修課程的空間裏。另一個可以着手的地方是實習。每一間神學院均重視實習，我們也不例外，因為神學生到教會、機構實習，是體驗其所學。如果他們被委派加入青少年教育隊伍，他們便要學習舉辦青少年營會。營會是全面接觸青少人的大好機會，一下子接觸很多青少年。神學院也正考慮，可否讓神學生在實習時參與福音營，開闊眼界。

對於神學教育而言，開闊眼界是十分重要的。**現時老師及同學的視野不足，他們要多看一點，例如學生有機會到前線觀摩青少年工作，我相信他未來的視野將會大大不同。**正如我到台灣開會，也刺激了我的思維。神學院將會作出課程修訂，我們認為需要提升學生的整合能力。我們正嘗試構思，希望在他們畢業前最後一年，修讀一個大型項目，內容是處理一至兩個大問題，當中需要各方面的整合，例如《聖經》、神學、歷史、文化，然後找出答案。其間考慮能否有空間，要求同學選擇其興趣，處理某類問題。

舉例來説，在四川、青海大地震等的災難問題上，要如何整合各種資源來處理問題？倘若有學生對此課題有興趣，他們可否跟隨突破到最前線？要把他們眼見的，和學習得來的嘗試整合。面對問題時，要回歸《聖經》、歷史、文化、社會來處理，然後着手做計劃。

我們正思考能否要求學生做這類計劃，讓他們豐富學習後，在畢業前作一個整合。若果學生對此課題有興趣，可以到從事青少年工作的機構討教、觀摩。然後將所有經驗回歸《聖經》、神學作出整合，經過這樣的一個過程，必定能豐富所學，甚至將心得回饋有關機構，以作研究。這是一個很初步的構想，還得經過多番的討論和修正。

本章參考書目

· Richard Niebuhr. *Christ and Culture*. San Francisco: Harper & Row, 1951.（中譯：賴英澤、龔書森譯：《基督與文化》，台南：東南亞神學院台灣分會，1992。）

· Jacques Ellul. *The Presence of the Kingdom*. New York: Seabury Press, 1948.

Chapter 3

實戰篇：
青少年牧養實驗性模式

蔡元雲、謝文策

3.1 引言

3.2 青少年工作先行者

3.3 模式一　無牆教會，野外福音工作

3.3.1 附錄一：「勇獅計劃」回顧

3.3.2 附錄二：曠野的服侍

3.4 模式二　牆內服侍「1+4」

3.4.1 「1+4」內容簡介

3.4.2 教會參與的回響

3.4.3 突破同工參與的反思

3.4.4 附錄一：個案的研習

3.4.5 附錄二：「1+4」內容及流程一覽

3.1 引言

心情

周身不適的軀體
煩亂悶熱的氣氛
一蹶不振的精神
行屍走肉的靈魂
凌亂不堪的思緒
風和日麗的清晨
平安寧靜的心境
過路人的打招呼
哭笑都得的喜悅
無所謂的寫意感
把不好轉化成良好
看缺點不再成憾事
將無動力默默上遊
隨風迎面的自在感
即使所遇風景未變
心境仍可改變正面出發

「清心的人有福了，因為他們必得見神。」（太五 8）

文策，我主內親愛的同工，30 年來，是突破的忠心戰友；在他身上，我看見什麼是神的呼召，在他服侍青少年的過程中，無論在曠野或城市內，他真的看見神的榮耀與作為。

他第一次與我相遇，是他申請進入突破作前線的青少年工作者，他已經表明：「我預備在突破投身十年。」十年之後，他再自己表白：再事奉十年。轉眼再過十載，他再向我表達他的心志：我想繼續在突破服侍主，與青少年同行另一個十年。

他常與同工分享，自己沒有什麼特別恩賜，卻是樂於在前線找一個位置，放一張凳仔（小椅子）—— 觀看神的作為！

他熱愛「曠野」（他喜歡如此稱香港的郊野），我曾多次與他上山下海，我驚訝於他能一一介紹其老友：每個山丘、每個小島；他都知道他們的名字。每次看見他在曠野踏步，總是健步如飛、神采飛揚。

我又數不清多少次與他在營會中共事，近年來，多是在「突破青年村」與香港及國內的青少年共住幾天；或是到天水圍探望教牧和青少年；亦不止一次到四川昭覺服侍當地的彝族青少年。他言語不多，但是他那慈愛的眼神、舉手投足之間，流露真情，設計的活動單純，卻是觸動人的心靈（最震撼我的，是學效主耶穌為門徒有關洗腳的行動、靜行與讀經）。文策真是青少年的朋友、叔叔和生命導師。

透過文策的眼睛、他留下來的文字，我們看見神 —— 祂與文策一直同行，祂透過文策祝福了不少同工、義工和青少年；其中當然包括他深愛的終身伴侶謝艷歡、他摯愛的兒子定山和定中。文策，有你成為我的弟兄、同工、戰友，實在充滿數不盡的祝福。

30 年來，文策堅持與教會結成夥伴關係，一同尋找、服侍和牧養青少年；他曾為多間堂會培訓青少年工作者。本書 3.4 記載的「1+4」青少年導師培訓計劃，就是由他啟發和帶動下誕生的。

至於文策留下的文字不多，我們在這裏將他撰寫有關「曠野的福音事工」、「曠野文化」、「福音活動祕笈」和「福音事工夥伴」的文字在 3.3 的野外福音工作中組合起來，呈現他對這事工的理念。其中，也記述了他的「勇獅計劃」，就是培訓野外福音工作者，在曠野服侍青少年。

文策對天水圍的情很深，不過相關事工的文章記載不多，在頁 80 至 81 附上一篇，讓我們稍為領略他的深情和未竟之工。他的每一篇文字都值得細讀、深思，讓文策的生命繼續觸動我們。

3.2

青少年工作先行者

捨不得

不捨得追憶
思憶將心境變酸
不捨得衝擊
衝擊將平靜散清
不捨得分析
分析將一切醜惡看清
巴不得開心
快樂把思緒糾正
巴不得愛主一生
耶穌把自己身軀贖我罪
巴不得將生命賦予意義
窮一生精力為他人點燃
巴不得珍惜所有
珍惜將消逝的時光留下

念文策

突破同工謝文策是我 30 年的戰友，他終身委身給神、忠心服侍青少年，特別關心青少年事工與教會牧養事工的配合及接軌。謝文策弟兄在突破參與前線青少年福音與培訓工作也有 30 年；他早期主責《突破》和《突破少年》的讀者活動，在各項活動中招募及培訓義工，並且與教會結伴合作。後來他主管突破「更新園」的策劃及青少年培育事工，將義工的領域及人數擴大、成為一支有組織、有訓練、有委身的前線青少年事工和營會的支援部隊，且仍是與教會緊密合作，更新青少年生命的實踐，大大看見神的同工。

生命的突破

還記得文策曾説過：「在 1973 年大學畢業的時候，深感自己的不配，於是便向神作了一個感恩的祈禱：『神啊，祢待我這麼好，我可以為祢作什麼？』於是上帝在夢中向我説話，要我去服侍香港的青少年。當時我連青少年是什麼也沒有頭緒，自己亦未曾在這方面有接觸，但我努力嘗試，並遇到重重困難。當時適值《突破》雜誌出版，我便在《突破》雜誌的孕育下成長，亦藉此增加了接觸青少年的機會。於是在 1978 年的時候，我毅然去找蔡醫生，當時心裏盤算服侍人的工作怎可以只做一年半載，投身十年已不錯了，直至今時今日，我發現人的工作並不是一份職業，而是一生一世的服侍。

由 1978 年開始，學習怎樣做青少年工作，其時孤軍作戰，發現向青少年傳福音，其實並不困難，要他們返教會才是最困難，我問上帝可以怎樣做。上帝在夢中向我説，要做青少年工作者的培訓，於是便嘗試一邊做一邊學習，由培訓義工開始，及至後來又發現義工受培訓後，回到教會也是孤軍作戰，我再問上帝可以怎樣做？上帝向我説要與眾教會成為夥伴，當時心裏打量自己只不過是一個普通人，怎樣動員各間教會呢？上帝説，『你不用害怕，我已為你預備。』結果有教會主動聯絡我合作，於是便開展了與教會合作的關係。」

文策堅信教會是最重要的青少年牧養基地，突破只是一個合作及支援的夥伴。文策先後在自己所屬的堂會及中華基督教會進行青少年事工培訓工作；後來延伸至循道衛理教會、宣道會、天水圍的眾教會及其他的堂會。這就是培訓野外福音工作者的「勇獅計劃」。

與教會同行

文策又提過：「直至 1996 年，突破青年村落成，有更多教會借用青年村的場地，於是有更多教會主動聯絡突破合辦福音營。年輕人在福音營中十分投入，但營會完畢後，邀請他們返教會仍是一件困難的事，教會仍然不是年輕人願意停留的地方。但我們繼續努力去等候學習，直至現在，突破想與教會有更多的聯繫，建立夥伴關係一起合作服侍青少年，『1+4』計劃便順應而生。當我構思整個計劃時，決定以長線的投身為方向，以四年時間作培訓。第一年為體驗及學習，第二年教會已掌握怎樣做青少年工作，第三年便可以帶領其他弟兄姊妹一起做，最後第四年，教會已學習到整個訓練模式，可以繼續去培育弟兄姊妹作更長線的委身，『1+4』的計劃就在這樣的理念下而產生的。」

在文策的啟發下，突破多個部門的同工交流及禱告，跟着再與多間堂會交流分享，探索合作的可能性，終於啟動了「1+4」青少年導師培訓的實驗計劃。整項計劃由突破不同部門的同工同心策劃、連結，以及執行，我們再邀請八間不同類型的堂會參與：包括大型的堂會、以社區為服侍對象的堂會、與學校結成夥伴關係的堂會；這些堂會主要都是一些中型的教會，代表着全港堂會的大多數。有次在研討會中，席上文策向各位與會者分享他服侍青少年 30 年不變的心志，以及這個計劃的誕生過程。我看到教會那麼多的牧者及弟兄姊妹參與，我的心情十分激動及感恩。

進入圍城

2004 及 2007 年，天水圍先後發生震驚香港的倫常家庭悲劇，文策在突破的早會上述説時，不禁哭出來。我記得有一次在營會中，天水圍教會和機構合作，這羣來自天水圍的孩子都非常可愛，十分投入。文策愛天水圍少年人的心，非常熱切，常多次流淚禱告。於是他到天水圍探望教牧和青少年，神感動他，對一些有需要的年輕人做出行動的回應。文策帶領一羣同工和天水圍的一些教牧同工、青年工作者，開展了「天 teen」計劃。接受栽培的青少年，都是很出色的，來自不同的學校，他們組成一個羣體，不單自己接受生命的栽培，也學以致用，祝福社區。過去幾年，天水圍每年舉辦青年節，一羣「天 Teen」向社區發出宣告：我們天水圍的 teenager，要祝福自己的家庭，也要祝福別人的家庭，我們要成為這個社區的祝福。他們將愛、生命帶回家庭，整個社區都一起慶祝。我也去過一次他們的家長聚會，那些家長見到這羣年輕人的生命不一樣，都感動得哭泣，而他們與子女的關係，得以重新建立起來。

文策曾説過：「讓我們在山上觀看上帝的作為，為天水圍的青少年及其家人祈禱。站於天地之間，作個敬拜及祈禱的人。」參與「天 teen」計劃和青年節，對文策來説，是「上帝讓我們坐着超等位，觀看祂的作為。」

文策對青少年牧養的分享，仍存留在我們心內。弟兄已經回到天父的懷中安息；他的心志，今天仍然激勵着我們。

心中可喜可樂之城——天水圍 / 謝文策

「看哪，我要使這城得以痊愈安舒，使城中的人得醫治，又將豐盛的平安和誠實顯明與他們。……我要除淨他們的一切罪……這城要在地上萬國人面前使我得頌讚，得榮耀，名為可喜可樂之城。萬國人因聽見我向這城所賜的福樂、所施的恩惠平安，就懼怕戰兢。」（耶三十三 6-9）

昔日猶大國和耶路撒冷城陷入極度黑暗的日子：國家將會滅亡，城市將被侵佔，人民將被擄走；但最終最大的權柄依然在神的手上，祂仍藉着先知將盼望和祝福帶給在水深火熱中的百姓——他們的城市終必成為「可喜可樂之城」。這個好信息，同樣也激勵着突破更新園在天水圍的服侍。近年天水圍接二連三發生倫常慘劇，加上這個社區其他的負面消息，外間就稱它作「悲情城市」。

我們接觸天水圍，始於 1999 年，當時我們認識了一位郭一葦中學校董，他是突破的支持者，藉着他得以結連該校舉辦的畢業福音營，接觸到天水圍的青少年。我們初見這羣青少年，就愛上他們。他們十分單純，但生命中卻有很多轄制，自我形象偏低，猶如驚弓之鳥般，不敢抬起頭來。我們問上帝，可以為這羣青少年作什麼呢？

我們竭力禱告，2004 年年底得到一筆可為天水圍提供服務的資金。上帝繼續開路，我們聯絡到「天牧團契」，也做了一個問卷調查，結果顯示這裏 20 間教會，會友總人數不夠 3000，而青少年也不足 600 人，有些教會甚至十個青少年也沒有！

就在這個時候，上帝將培育青少年的異象再次放在這羣牧者心內。2006 年 8 月，突破被邀請協辦第一屆「天水圍青年節」，主題為「天 teen 為主站出來」。我們引用〈彼得前書〉二章九節，讓 140 個青少年認知自己的身分。經過幾天的培訓，他們進到社區去關心長者，探訪一些領取綜援的家庭，到街頭作個人佈道，也在「青年使命大會」立志為主站出來，更聯同教會其他弟兄姊妹在社區巡遊唱詩禱告，高呼上帝愛天水圍，將祝福帶到社區每一個角落。

之後，「天牧」成立一個青年事工組，與突破結成夥伴，在教會中選出 32 個少年人，由 2007 年 2 月開始接受三至五年的培訓；更新園招募了十多位對天水圍有負擔的資深義工，再派出四位經驗豐富的同工做小組導師，平均一個半月，便有一個聚會、活動、訓練或營會；「天牧」也派出多位當地的青年導師，在活動以外的時間接觸和牧養這 32 個少年人。

主若願意，我們打算裏應外合，與他們同行至 2011 年 8 月，那時，相信年紀最小的一個也都中五畢業了。突破資源十分有限，可做的事情也很少，能在事工完結時，為天水圍培訓出 20 或 14 個肯站出來關心社區的青年信徒領袖，參與建設一個可喜可樂之城，也算是個合理的期望吧！

然而，一切還看上帝的恩典，以及不住的禱告。

3.3

模式一
無牆教會，
野外福音工作

謝文策

榮譽勳章

出一百倍努力　花上二十年功夫
付出加倍投放　心機心血汗水
不斷拚搏換來一個一個成就
打不死沉了再起做我節拍
一生只能活一次灌注靈魂
每一天皆當末日不遺餘力
時間分秒最珍貴未敢蹉跎
感動自己先能感動到別人
一幕幕成就傳記的誕生活現
奪得這勳章是崇高的地位
一個至高無上的榮譽認同
由上主説聲良善的僕人
你可到我這裏來

＊本章文章曾刊載於《回歸曠野紀念特刊》（香港：中華基督教會香港區會，2010）。

帶年輕人到曠野去

曠野——靈感之地

「曠野」是一個充滿智慧和啟示的地方，《聖經》中很多篇幅，亦提及曠野，包括在曠野生活的歷史，更有人在曠野接受靈感。

摩西在這裏度過 40 年，悟出帶領以色列人出埃及、入迦南的智慧；大衛在這裏得着創作詩歌的靈感，其中〈詩篇〉八篇、十九篇、二十三篇、二十四篇、六十三篇和一百三十九篇尤其出色，時常激勵着我們；《聖經》有很多上帝以第一人稱向人説話的記載，而其中最詳盡的一段，是對約伯的講話（伯三十八至四十一），內容全都是與大自然有關的。

到了「新約」時代，天使最初向人報告了主耶穌出生的喜信，是在曠野對牧羊人説的；上帝的話在曠野臨到耶穌的先鋒施洗約翰，他便在曠野開始宣講悔改的洗禮，甚至主耶穌在出來工作的三年多時間，也要定時回到曠野休息、禱告並重新得力，而主所講的道和比喻，祂所行的神蹟也有很多是出於曠野的。

失落於現代的曠野文化

活在香港這個資訊發達的國際大都會，早已習慣其營營役役，既豐富又充實，我們可以足不出戶，安全及舒適地擴闊自己的視野和境界，可以廣結朋友，可以關心社會，可以胸懷祖國，可以放眼世界。漸漸地，成年人會用「忙」為藉口而遠離曠野。加上近來郊野活動意外頻仍——山火、墜崖、中暑、迷途、遇溺、山賊……最好不要再去冒險。我們的青少年就是在這種環境長大，腦海中的郊野，盡是「辛苦」、「危險」、「浪費時間」、「香港這麼小，有什麼地方值得去？」、「為什麼要去？」，或者，根本從未想過要去接觸大自然，師長也沒有鼓勵！

可悲的是，現代化的教會也失去在曠野學習的文化，弟兄姊妹被城市文化侵蝕，漸漸地忽略了大自然豐富的寶藏，甚至成為破壞大自然的幫兇也不自覺；更嚴重的是，我們的教會和學校可能因噎廢食，害怕帶青少年到郊野歷險，因而剝奪他們到曠野親近神的權利。我們可能未有足夠的山藝和急救訓練，或者不知道帶領青少年到曠野做什麼，所以不敢輕舉妄動，這樣還情有可原。最令人擔心的是：我們會否因為恐怕一旦發生意外，要承擔責任，要面對家長和傳媒，而有意和無意之間，不鼓勵青少年到郊外進行活動？

帶青少年到曠野去

請帶青少年到曠野去，讓他們透過接觸大自然而親近主，讓他們在那裏敬拜、讚美、默想、禱告、禁食，也讓他們遊戲、歷奇。在曠野，經歷大自然的變幻；在曠野，與他們談天説地，一同尋求真理，探討人生，得着生命的啟示。

圖 3.1　野外福音活動目標

曠野人聲

我們查考《聖經》，發現〈瑪拉基書〉之後，上帝沉默了四百年，及後差遣天使往伯利恆的野地，向牧羊人報佳音（太二 8-14）。上帝的話又臨到在曠野生活的施洗約翰，差遣他在約但河一帶宣講悔改的洗禮，回歸上帝，應驗了以賽亞所記：「在曠野有人聲喊着説：預備主的道，修直他的路！一切山窪都要填滿；大小山崗都要削平！彎彎曲曲的地方要改為正直；高高低低的道路要改為平坦！」（路三 2-5）兩次重要的信息都在曠野發放。我們開始討論：為何上帝對曠野情有獨鍾？當時，以色列諸城有許多大人物——本丟比拉多（猶大巡撫）、希律（加利利分封王）、腓力（以土利亞和特拉可尼分封王）、呂撒聶（亞比利尼分封王）、亞那和該亞法（大祭司）——這些猶大全地和耶路撒冷的人（可一 5），為何被曠野人聲所吸引？我們在施洗約翰的身上，可以學習到什麼？他所傳的信息對我們有什麼提醒？

我們相信上帝無處不在，祂在城市中，也在曠野裏，所以無論我們身處鬧市或曠野，只要你心境平靜，也可聆聽到從上而來的聲音，清心的人必得見上帝（太五 8），而身處曠野會使人較易清心——面對大自然，人頓然自覺渺小。愈多走近大自然，愈對大自然加深認識，驚歎上帝的創造大能和智慧（羅一 19）。在曠野中遇到的困難，諸如天氣變化、缺水、迷路、黑夜、野獸……會使人思想生命的問題，使人珍惜本來所有的，也會使人明白自己所擁有的，其實都不重要，惟有生命才最寶貴。當我們不受世上任何事物轄制，清心仰望上帝時，必會與上帝相遇。所以我們相信上帝會喜歡走入曠野，難怪主耶穌在世上忙碌服侍，也不忘退到曠野去親近上帝（可一 35、六 31-32）。

「曠野人聲」的主角是施洗約翰，他常在曠野之中，生活極為簡樸（可一 6）。上帝的話臨到他，他便開始傳道，吸引了來自四方八面，等候彌賽亞降臨已久的羣眾，其中有不少人認罪悔改。施洗約翰卻清楚自己的角色和身分，沒有竊取主的榮耀，一心只為主作見證，本來走在前面，卻甘心退後，形容自己為主解鞋帶也不配（約一 27），全心全意預備主的道、修直祂的路，讓凡有血氣的，都能得見上帝的救恩。

讓我們來效法施洗約翰，常在曠野中清心等候，讓上帝的話臨到我們，也讓我們學習施洗約翰謙卑的服侍，發出「曠野人聲」，並且修路、填窪、削平山崗，為那些不甘在城市中營營役役地消耗生命，且願意回歸曠野的人，建立一個可以與上帝相遇的平台，將他們完完全全的帶到主面前，讓他們得着從上而來的祝福。

日期	時間	地點
8 / 1	下午	獅子山
19 / 3	下午	灣仔峽至香港仔水塘
17 / 4	全日	芝麻灣半島
5 / 5	全日	大嶼山郊遊徑
31 / 5	全日	馬鞍山（大金鐘）
19 / 8	全 / 半日	石澗
2 / 9	全日	大霧山梧桐寨
6-7 / 10	夜 + 日	長咀
3 / 12	半日	金山（山火瞭望台）

表 3.1 「勇獅」義工組 2006 年每月活動舉隅

曠野的福音

我蒙上帝的呼召，從事青少年野外福音工作至今 25 年，在大自然所經歷的事和所遇到的人，多如恆河沙數，不同的大自然環境和人的互動，都產生了微妙的「化學」作用，令每次經歷都不一樣。我們經歷過大自然平靜美好的一面，也經歷過無數的狂風暴雨、山洪暴發、嚴寒酷熱，甚至一日四季的變化；接觸過的人，由未認識上帝的到傳道人、牧師、神學院老師（一般而言，都是與上帝關係比較親密的人）；由頑劣的到聽教聽話的；由極少踏足郊野，到野外活動經驗豐富，而且技術超卓的，不一而足。

大自然和人固然是千變萬化，加上多采多姿的野外活動形式——遠足、露營、攀岩、溯澗、穿林、夜行、觀日、獨處、野外定向、生態旅遊、荒島探險、風帆、獨木舟、燒烤、野餐等等，以及不同的活動目標——自信訓練、逆境訓練、屬靈操練、隊工訓練、親子關係、傳揚福音、認識生態等等，深深地感受上帝的奇妙，祂所創造的大自然，信息何其多！正如〈詩篇〉所說：「這日到那日發出言語，這夜到那夜傳出知識」（十九 2）。

報告上帝悅納人的禧年

野外福音工作，源於向青少年傳福音的使命，我想談談曠野的福音。〈路加福音〉記載主耶穌引述〈以賽亞書〉六十一章：「主的靈在我身上，因為他用膏膏我，叫我傳福音給貧窮的人；差遣我報告：被擄的得釋放，瞎眼的得看見，叫那受壓制的得自由，報告上帝悅納人的禧年。」（路四 18-19）所以，每一個野外福音工作者必然是先被上帝揀選和呼召，然後作出回應，與聖靈同工，帶領人進入曠野，藉着精心設計的野外活動預備人心，讓曠野親自向人說話。

主耶穌吩咐跟隨祂的人要去傳福音。傳福音，以一般的理解，集中在

「報告上帝悅納人的禧年」，告訴人有罪，罪的代價就是死，而上帝因為愛人的緣故，差派自己的獨生子耶穌來到世上，代罪人受死，耶穌死後三天復活，表明上帝有叫人死而復活的能力。人只要認罪悔改，相信耶穌為自己的罪，死而復活，願意承認耶穌為個人的救主，上帝會無條件赦免人的罪，稱人為義，成為上帝的兒女，得着永遠的生命。這樣的「報告」是正確的，是上帝所喜悅的，沒有別的方法可以代替，事實上有很多人聽到這個「報告」而作正面回應，因而得救。但如果我們單單以「報告上帝悅納人的禧年」，為傳福音的惟一和終極目標，而忽略了「報告被擄的得釋放，瞎眼的得看見，叫那受壓制的得自由」，豈不辜負了主耶穌循循善誘，以身作則，在傳道事工上的教導嗎？

報告被擄得釋放，受壓得自由

野外福音到底是怎麼一回事？在曠野，除了「報告上帝悅納人的禧年」，如何理解「報告被擄的得釋放，瞎眼的得看見，叫那受壓制的得自由」？首先，我們必須認定，傳福音的對象應該是「貧窮人」，這裏當然不是指那些沒有錢財的人，而是那些「被擄」、「瞎眼」和「受壓制」的人，「被擄」是指人生活在城市而被城市文化，尤其是個人主義、消費主義和功能主義「監禁」的人；他們不得不為個人利益而生活，不得不凡事以經濟掛帥，不得不單看人的功能，而忽視生命的尊貴價值。「瞎眼」是指人看不見生命的終極意義，只懂得整天埋頭苦幹，然後以為一切成就都是自己應得的，看不見上帝的恩典、公義、慈愛和榮耀。「受壓制」是指人本是照着上帝的形象、按着上帝的樣式造的，卻因「罪」的緣故，在社化過程中受家庭、教育、傳媒的影響，本來的形象被扭曲了、尊貴身分被剝奪了、與上帝相交的渠道被堵塞了。

當人回歸曠野，會發現生活其實可以很簡單，可以生存已是一種福氣，名利已經不重要，生命本身是最有價值的，人就這樣被釋放了。當人回歸曠野，看見上帝創造的美好，明白一切（陽光、空氣、水和其他動植物）都是上帝的恩典，會醒悟人對大地的不敬和破壞，會看見人類的惡，和上帝的善。當人回歸曠野，全人被上帝擁抱，被上帝帶到青草地、溪水旁，靈魂得着甦醒，生命得到更新，可以像起初一樣，可以自由地與上帝親近。

當人回歸曠野，經歷曠野的豐富，若仍然不知自己貧窮，未肯悔改，那時候，我們作為青少年工作者，便要挺身而出，為主向青少年作福音的見證。

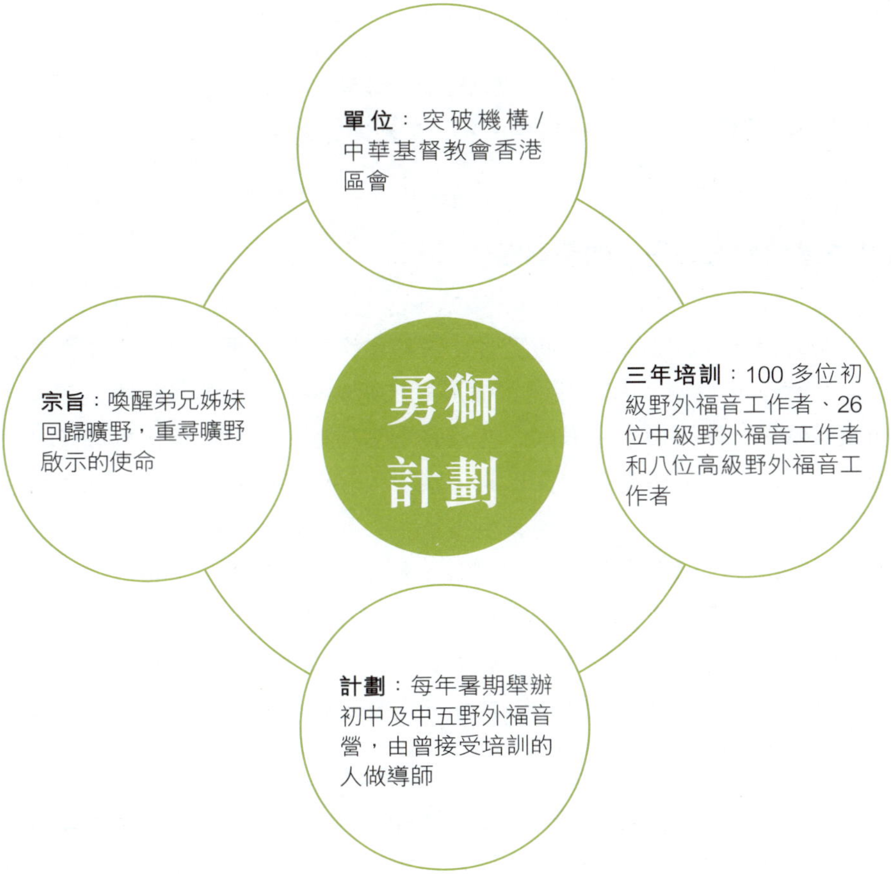

勇獅計劃

單位：突破機構/中華基督教會香港區會

三年培訓：100多位初級野外福音工作者、26位中級野外福音工作者和八位高級野外福音工作者

計劃：每年暑期舉辦初中及中五野外福音營，由曾接受培訓的人做導師

宗旨：喚醒弟兄姊妹回歸曠野，重尋曠野啟示的使命

圖 3.2 「勇獅計劃」大概

重建「曠野文化」

創造天地的主對人類首個吩咐：

「要生養眾多，遍滿地面，治理這地，也要管理海裏的魚、空中的鳥，和地上各樣行動的活物。」又説：「看哪，我將遍地上的一切結種子的菜蔬，和一切樹上所結有核的果子全賜給你們作食物。至於地上的走獸和空中的飛鳥，並各樣爬在地上有生命的物，我將青草賜給牠們作食物。」（創一 28-30）

上帝創造了這個奇妙美好的世界，人的責任本來就是治理這地和管理萬物。但人的無知、自大、自私和貪婪，令到地球千瘡百孔，萬劫不復。

「生物多樣性國際日」的重點關注

2005 年 5 月 22 日聯合國舉行「生物多樣性國際日」，《生物多樣性公約》祕書長表示：「近幾十年來，發展和技術的進步，改善了世界上許多人的生活條件，使人類大家庭的一些最貧窮者擺脱了赤貧，但同樣在這幾十年中，難以持續的生產和消費形式，減少了我們這個星球上生命的生物多樣性，而且比歷史上任何時候減少得多，人類曾努力地爭取有經濟進展能力的生態系統，已備受威脅…… 地球上幾乎所有生態系統都被人的活動所改變。例如：商業捕撈海洋魚類，有 25% 都是過量捕撈，致使許多漁場關閉；陸地覆蓋變化 —— 熱帶雨林被毀和荒漠化現象，減少了地方降雨，造成荒漠化和用水短缺；濕地、森林和紅樹林被轉化它用，削弱了緩解反常氣候的生態系統的影響力。」

眼見地球危機迫在眉睫，我要提倡的是，現今人類要重建「曠野文化」。「曠野文化」所鼓吹的是一種有別於「城市文化」的生活哲學，一種尊重和珍惜大地和生物的文化。不但尊重大自然，更要以大自然為師 —— 謙卑地向大自然學習處世之道，以一種「願人都尊上帝的名為聖、願上帝的國降臨，願上帝的旨意成就在地，如同成就在天」的心態過活。這是不容易的，生活在大都會的香港，我們已徹頭徹尾習染「城市文化」，即鼓吹個人主義、消費主義和功能主義。香港亦標榜為經濟型社會，且引以自豪；於是，香港人事事以經濟為主，連教育也以培養經濟人為目標，卻犧牲了文化素養的培育，扭曲了人與大自然可以和平共處的觀念，更剝奪了真正親近大地的權利。

徹底反省「先破壞後補償」的文化

執筆之時，剛巧是天水圍濕地公園開幕之初，幾天運作以來，令我不勝唏噓！由於怕「執輸」，香港人在第一天便把面積達到 61 公頃的濕地公園迫爆了，有很多人沒有依循地圖路線遊覽，胡亂闖進雀鳥棲息地，隨意踐踏受保護的草地，在強調安靜的觀鳥屋內喧嘩，又席地野餐，隨處吸煙和棄置垃圾；第二天在訪客中心的展館內，多部攝錄機鏡頭已被遊客拍打或扭動而致損壞，有記者發現 14 項展品故障，原本白色的雪狐標本因被人不斷觸摸，短短兩天已變成「灰狐」了，實在是好一個「國際級旅遊點」的濕地公園，打造出這種大城市的文化素養！

其實這個號稱「集自然護理、教育及生態旅遊用途於一身的世界級景點」的濕地公園，對自然界來說，本來就是一種悲哀：天水圍顧名思義，本來是一片天水合一的濕地，先人就地取水，建基圍、挖塘養魚養鴨、種田，生活與自然環境融合，相輔相成。誰知 20 多年前，政府與私人發展商定意把天水圍改建，成為第三代新市鎮，把面積達 430 公頃的濕地填平，並留下約 60 公頃土地作生態緩衝區。想不到九七回歸後，經濟持續不振，政府於是大力推動旅遊業，並完成《香港國際濕地公園及訪客中心可行性研究》後，決定將 60 公頃生態緩衝區發展成現在的濕地公園，這種不尊重大自然，先徹底破壞，然後再重建的補救手法，是一個不折不扣的反面教材，讓年輕一代以為只要有「補償」，就不用擔心「破壞」，且是徹徹底底的破壞。雖然我們可以將這片土地製造到綠意盎然，以多項環保概念來興建展覽館，為小灣鱷「貝貝」建立一個舒適的家，用這個人造的濕地公園來宣傳保育濕地……卻永不能叫原本的濕地復活，更不能掩飾摧毀大自然的罪行！

神的子民堅守治理大地的崗位

我們的地球被我們深深傷害，人類生存的環境空間愈來愈小。正在淌血的傷口永遠不會復原，已經滅絕的生物永遠不再出現；但在主耶穌再來之前，我們——尤其是屬神的子民，仍要堅守崗位，遵行上帝的吩咐去「治理這地」。從現在開始，學習與大自然為友，支持保育計劃，多留意有關資料，加強對環境問題的觸覺，身體力行做個地球好管家，回到《聖經》查考有關曠野的教導，以致我們不是「捱打式」的抗衡城市文化，而是有尊嚴地建立並宣揚以《聖經》為基礎的曠野文化，帶領上帝的選民「出埃及經歷曠野，進入迦南美地」。

香港的曠野

請原諒我的固執，我愛稱香港的郊野為「曠野」，因我對「曠野」情有獨鍾。「曠野」於我來說，是一個「表裏不一致」的地方，但卻是一個可以改造生命的地方。我曾到過中東地區的曠野，起初的感覺是千篇一律、單調乏味，難怪離開埃及進入曠野的以色列人，雖然知道前面就是流奶與蜜之地，也寧願回去埃及做奴隸受苦，不願在曠野逗留片刻。但我不服氣 —— 這不是將摩西由埃及王子改變為以色列人領袖的那片曠野嗎？這不是預備主耶穌出來服侍的那片曠野嗎？當我有耐性的等候，用心去觀看，竟然有所發現！對大部分香港人來說，香港的郊野何嘗不是千篇一律、單調乏味！這裏沒有喜瑪拉雅山、亞瑪遜森林、依瓜蘇瀑布、大峽谷、長江、大堡礁，這小小的地方還有什麼值得一提？

香港曠野知多少

每逢想起香港的曠野，我卻要感謝上帝，試問世上還有哪塊只有 1100 平方公里土地面積的地方，會有如斯多元化的生態環境？我們共有約 2000 種原生植物、記錄到有 57 種陸棲哺乳類動物（如野豬、穿山甲、果子狸等）、22 種蝙蝠、23 種兩棲類動物（包括香港獨有的盧文氏樹蛙和香港瀑蛙）、78 種爬蟲類動物（如蜥蜴、龜、蛇等）、96 種淡水魚，還有舉世聞名、種類繁多（共 448 種）的雀鳥。此外，香港的水域面積約有 1800 平方公里（包括 260 個島嶼），海岸線長達 800 多公里，加上同時擁有西面河口性和東面海洋性的海洋環境，提供合適環境給多種海洋生物（魚、貝、蝦、蟹等）生長。差點忘記，我們還有超過萬種的昆蟲（包括 2000 種蛾、200 種蝴蝶、111 種蜻蜓）！你說奇妙不奇妙！

1976 年，香港政府制定了郊野公園條例，至今共設立了 23 個郊野公園，佔約四成香港土地。當中有四條長途遠足徑：麥理浩徑（長 100 公里），由東面的西貢到西面的屯門；衛奕信徑（長 78 公里），由南面的赤柱到北面的鹿頸；鳳凰徑（長 70 公里），由大嶼山梅窩逆時針方向上大東和鳳凰二山，到分流再經嶼南回到梅窩；港島徑（長 50 公里），由港島西面太平山頂到港島東面大浪灣。郊野公園內有我最嚮往的山（本港 300 公尺以上，在地圖上有名稱的山有 121 座），山中有溪澗（本港有名稱的溪澗超過 100 條），澗中有潭有瀑（其數不可勝數）。山下有平原，平原有田，更有常被人忽略，卻有極重價值的濕地（香港有接近 30 個淡水濕地、池塘和沼澤）。此外，郊野公園內還開闢了 27 條郊遊徑、18 條自然教育徑、15 條樹木研習徑和 11 條家樂徑。1995 年，政府再制定海岸公園條例，設立四個海岸公園（印洲塘、海下灣、龍鼓沙洲、東平洲）和一個海岸保護區（鶴咀）。

看到以上的數字，你會大吃一驚嗎？驚歎上帝創造的奇妙嗎？感到身在福中不知福嗎？身為香港人引以為榮嗎？會有衝動走到曠野看一看嗎？

香港四大奇景

曾有前輩在芸芸香港野外美景中，把「東海穿洞、大浪四灣、平洲頁岩、霧山石澗」譽為本港四大奇景。

「東海穿洞」的精彩之處，在於乘搭機動快艇穿越海蝕洞，在洞內必能感受到大自然的威力。香港東面島嶼星羅棋布，稱為羣島的計有果洲羣島和甕缸羣島。果洲羣島（中華基督教會區會舉辦回歸自然活動時曾登臨此島）主要由南果洲、北果洲和東果洲組成，而甕缸羣島則主要由甕缸洲、火石洲、伙頭墳洲（即晨曦島）和橫洲組成。這些島嶼面臨南中國海，長年累月被海浪衝擊，所以造成很多洞穴，部分更大至機動快艇也可穿過，尤其是南果洲的三叉洞最令人懷念。這個洞呈 Y 字狀，進入中心點可見到三個出口，更見海水湧出湧入，令人心感震盪，歷久不息。

「大浪四灣」即大浪西灣、咸田灣、大灣和東灣，在西貢東郊野公園東面，麥理浩徑第二段中段，要看美景，首選在西灣山上觀賞，這裏得見四灣一個接着一個，各有不同形態，而背後竟然就襯托着高聳入雲的蚺蛇尖，一尖四灣，可謂美不勝收！

「平洲頁岩」的平洲被稱為「東」平洲，為的是有別於長洲附近的坪洲。這裏以岩石景觀最為吸引，由沉積岩形成的海蝕平台，伴着直聳陡峭的斷崖，氣勢磅礴，沿岸美景令人目不暇給，著名的有更樓石、難過水、海螺洞、龍落水、龍鱗咀和斬頸洲等，加上水域的水質優良，為多種珊瑚和海藻提供極佳的生活環境。

「霧山石澗」發源在本港最高的大霧山（957 米）上的溪澗，竟然有 18 條之多！其中最著名的有大城石澗、大曹石澗、燕岩溪、梧桐石澗等，各有其獨特之處，而梧桐石澗更擁有本港最美的瀑布羣，當中包括全港最高（超過 30 米）的長瀑。

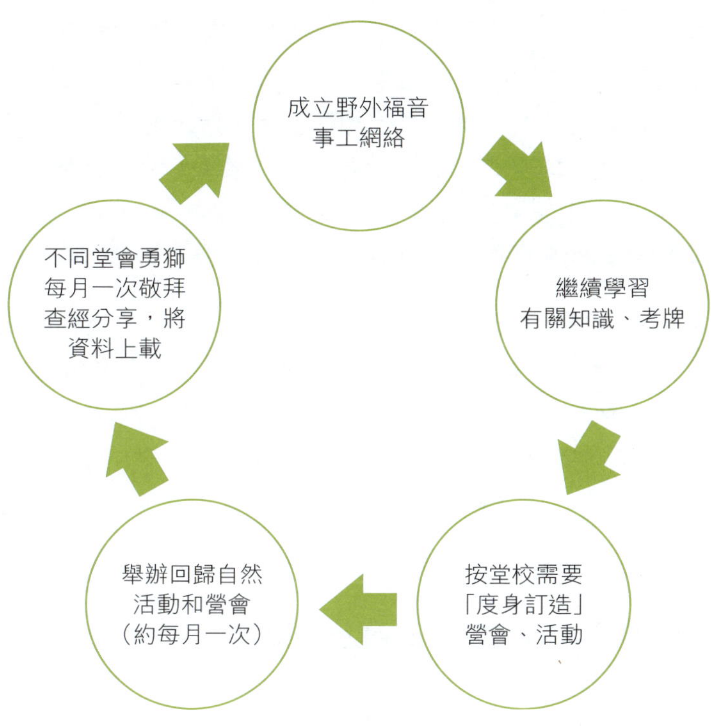

圖 3.3 「勇獅計劃」的發展

從曠野得力

城市基督徒與曠野的試探

現今住在城市的人，對大自然的感覺很複雜——大部分人沒有太大興趣深入大自然；如果在假期，往風景秀麗而交通方便的地方，可預期必然人山人海，失去本來可以在大自然呼吸新鮮空氣，以及透過大自然的寧靜，洗滌心靈的原意；如果選擇深入偏遠的不毛之地，又怕付代價、怕辛苦、怕危險、怕這樣怕那樣。

其實，即使未認識創造主的人，走進山中，也會覺得很不一樣，對人際之間、對自己、對大自然多了一點了解及體會，在生活態度上，或許會有正面的影響，卻未必能進一步思考生命的意義，未必明白人與造物者的關係。我們屬主的人可不是這樣，我們相信上帝創造天地，知道自己犯罪，上帝卻愛我們，道成肉身來到世上，為我們受試探、受辱受苦、受死，更用復活戰勝死亡，讓我們可以因信而被上帝稱為義。所以我們來到大自然，可以敬拜讚美歌頌主，可以安靜禱告親近主，也可以讀經默想明白主。

耶穌在曠野被魔鬼試探的記載（太四 1-11），對於住在城市的基督徒，豈不是有鋪天蓋地的信息嗎？當時主耶穌剛剛受洗，上帝的靈降在祂身上，有從天上來的聲音確認祂是上帝的愛子，是上帝所喜悦的（太三 16-17），繼而被聖靈引領到曠野，經過40晝夜的禁食，餓了，魔鬼便來了，牠總會抓緊時機出現，在人最軟弱最易被擊倒的時候出手。

人的三個基本需要：滿足感、安全感、成就感

人類有三個基本的需要——滿足感 / 舒適感、安全感、成就感。滿足感和舒適感是「身」的需要；安全感是「心」的需要；而成就感是「靈」的需

要。世人仍未認識主的時候，為滿足「身」、「心」、「靈」的需要，不斷奔波勞碌，追求的是物質上的舒適享受 —— 美食、大屋、名車、華服、音響、電視、電腦……卻永遠得不着真正的滿足，於是窮一生之力，仍要千方百計地繼續追求物質上的滿足，甚至出賣身體和靈魂，在所不惜。很多人也在追求虛浮的榮耀 —— 美貌、名牌、名譽、別人的讚賞和恭維，以為這樣可以增加自己的安全感，卻往往要守着這些安全感，而變得誠惶誠恐，更加沒有安全感，也有人不擇手段的向上爬，追求位高權重、隻手遮天的成就感；就算是腳踏實地，憑真材實料晉升至高位，大權在握，卻不認識至高掌權者而戀棧權勢，結果樹大招風，到處樹敵。

人的三個潛在弱點：貪心、好勝、驕傲

這類人早已服在魔鬼的權勢下，對於魔鬼毫無威脅，牠也懶得理會。屬主的人卻不同了，魔鬼時刻也在尋找機會試探我們，務求讓我們在上帝和魔鬼面前跌倒，好讓牠可以當面羞辱上帝。牠何時會出手？我們可以在牠試探耶穌的伎倆中找到一些端倪 —— 就在我們最脆弱或缺乏時、在我們意氣風發、洋洋得意的時刻，以及在我們高高在上可以「話事」之際，牠會對準我們潛在的弱點 —— 貪心（渴望慾望得到滿足，甚至貪得無厭）、好勝（自尊心太強、「唔衰得」）和驕傲（以自己的表現和成就，作為自己努力而當得的），重拳出擊，殺我們一個措手不及。

不受魔鬼引誘，肯定上帝主權

〈馬太福音〉四章記載，魔鬼在耶穌禁食的 40 晝夜，肚子餓了的時候試探耶穌，讓祂用自己的能力來完成不屬神的目的：「你若是上帝的兒子，可以吩咐這些石頭變成食物。」當我們有肉身的需要，或某些缺乏未能得到滿足；或在等候上帝供應時，魔鬼便會試探我們，教我們用自己的方法或恩賜，來成就自私的目的或滿足個人的慾望：「你若是上帝的子民，可以

快些想辦法完成上帝給你的使命，不需再等候祂的供應，有時真的要靈活變通一下啊！」「如果是上帝的呼召，做些事來證實啊！你會做得到的！」耶穌示範了如何抵擋魔鬼的試探：「人活着，不是單靠食物，乃是靠上帝口裏所出的一切話。」我們須安於貧困，為完成上帝托付的使命而放棄本身的權利，把焦點放在「上帝的旨意」上，尋求和明白上帝的旨意，這便要回到《聖經》中尋求了。

魔鬼知道耶穌深信《聖經》的權威，就引用《聖經》的説話來試探耶穌，誘惑耶穌到耶路撒冷聖殿頂，進行一場「極度安全」的亡命表演，讓耶穌證明自己的能力和《聖經》的可靠。今天魔鬼也會斷章取義地引用《聖經》的話語，叫我們到各類舞台上「表演」，美其名是為主作見證，內裏卻竭力表現自己，盜取上帝的榮耀。耶穌也用《聖經》來破解魔鬼的試探，直截了當地回答魔鬼：「不可試探主你的上帝。」祂為着完成「上帝的計劃」而來到世界，祂清楚上帝的計劃，也打算順服上帝的心意，完成上帝托付給祂的使命。

魔鬼最終目的是搶奪上帝的主權，事實上，世人都在牠的轄制之下，不過只是暫時性的，耶穌的使命就是宣告「天國近了」，因為上帝是最終的掌權者，是萬王之王，是萬主之主。魔鬼企圖使用暫時性的管轄權，誤導耶穌將主權交上，卻被耶穌識破了：「當拜主你的上帝，單要事奉祂。」讓我們也將焦點放在上帝的主權上，拒絕走捷徑，不因貪圖成就而作出妥協，將主權拱手相讓給魔鬼。

魔鬼在我們的日常生活中，隨便使用一招，我們便已吃不消了。但願我們屬主的人可以時刻思想曠野的試探，不要給魔鬼留地步，專心遵行上帝的旨意，時刻記念上帝的計劃，全人順服上帝的主權。

野外福音工作者的素質

回歸曠野的文化，應該是本地宣教事工的其中一項使命；特別是作為青少年事工的獨特文化，我們希望多帶青少年到曠野去，讓他們在那裏得着生命的啟示，學懂抗衡城市生活所營造的消費主義、功能主義和個人主義，也讓他們接觸到創造大自然的上帝。

回歸曠野，困難重重

可惜野外福音工作在香港已推行了一段時間，但仍然未成氣候。雖然有福音機構和教會在這方面造出成績，但野外福音工作仍未被廣泛接納及應用，在建立回歸曠野的文化上，仍是困難重重！

回歸曠野，帶動文化的更新，我們需要一羣具有質素的野外福音工作者，建立一個以基督為首的隊工。突破曾與一所教會的本地宣教組合辦「勇獅計劃」，招聚了十多位弟兄姊妹定期聚會、曠野操練、舉辦「回歸自然」活動，相信這羣年輕人經過適當的培訓和上帝的帶領，假以時日，必能成為一支精鋭部隊，在教會內外宣揚回歸曠野的文化。

先天的生命素質

野外福音工作者需要兼備生命素質和技能素質。生命質素可分先天和後天，先天是與生俱來的，後天是要經過培訓和培育的。有些人天生熱愛大自然，對大自然很多東西都感到興趣，無論是天上的、地上的和水中的生物，在他們看來，都是奇特的，充滿信息的，百看不厭。有些人天生富冒險精神，勇於面對新奇事物，甚或迎向挑戰，他們在大自然中，像是如魚得水，滿有生命力量。另外有些人天生喜歡與人接觸、與人溝通、與人分享生命的喜悅；也喜見別人生命有成長，喜見關係的建立。上述的生命素質，都是野外福音工作者不可或缺的，而被服侍者能與大自然、與其他人、與上帝和與自己的關係得以重建，尤其叫人欣喜。

由於人是按着上帝的形象造的，基本上已有着以上種種先天的生命素質，只是很多時候，被城市生活和文化掩蓋了，不知不覺地，習慣了帶着面具做人，在不同地方帶着不同面具，不敢回歸曠野，因為在曠野，實在太容易露出真我了！殊不知露出真我（用心靈和誠實去生活），才是與大自然、其他人、上帝和自己重建關係的開端呢！

後天的生命素質

既然如此，我們便要回歸曠野，讓上帝重塑我們的生命素質。每個野外福音工作者必先經歷在曠野的磨練——嚴寒、高溫、強風、暴雨、濃霧、黑夜，學會去面對這些「惡劣」環境的挑戰，一旦遇到以上情況，也可以從容接受，為所服侍的人提供最佳安排，甚至借助惡劣的環境，帶出福音信息。不要以為我們在試探上帝，罔顧人命安危，只是在曠野中，天氣變幻莫測，工作者實在需要經歷各種大自然的磨練，才有能力在曠野為主作見證。

昔日摩西帶領以色列人出埃及，經曠野進入應許之地前，曾分別在城市和曠野「受訓」40 年，培養出一種獨特的生命素質，以致可以完成神所托付給他的神聖使命。約書亞在曠野跟隨摩西 40 年，最終被神評價為「是心中有聖靈的」（民二十七 18），可以肩負帶領以色列人進迦南爭戰的重任。

除了在曠野磨練外，野外福音工作者的生命素質中，其中必然要常存敬畏上帝的心，與祂連結，晝夜思想上帝的話，敏銳聖靈的感動，洞察魔鬼的詭計，免得跌入迷惑試探……這些本來是每個信徒應有的操練，也是野外福音工作者必然的操練。不然的話，福音是傳開了，但自己卻被棄絕。

技能素質

至於技能素質，同樣地，一點也不可馬虎，必須要有正規的訓練。「香港攀山總會」設定了一個政府認可的山藝證書課程系統，給有志從事野外活動的人士修讀，基本上山藝領袖（三級課程）才有資格帶隊行山，因為要有足夠山野經驗和有效急救證書才可考取這個資歷，再進深的，便是山藝教練了。山藝技能包括定向、遠足、營藝、裝備和繩索運用，也需要有天氣和環保常識，以及評估和處理危機的能力。非山藝的技能也同樣重要——程序設計、創作和帶領遊戲、講故事、帶領小組、解說技巧、煮食、後勤行政、輔導技巧等。

最出色的野外福音工作者不可能擁有全部技能，所以如之前提及，我們需要隊工，以確保服務的質素，且是以基督為首的隊工，互相補足，彼此守望，竭力保守聖靈所賜合而為一的心。「勇獅義工組」分成兩組，一組負責探路，一組開會，然後兩組一同籌備每月活動；每月合組一次，分享經驗、籌備心得，並由導師帶領野外福音工作者的生命操練環節，內容有敬拜、查經，每次聚會都豐豐富富的經歷天父恩典。野外福音工作者不但是祝福別人的一羣，更是先被祝福的一羣。

野外福音工作者培訓

增加帶領年輕人到曠野的本錢

「回歸自然」活動

一同遊山玩水親近主，
享受天父賜給我們的大自然

加入義工的行列

為建立區會堂校
回歸曠野的文化而努力

鼓勵教會報名野外福音營

體驗一下在曠野
向青少年傳福音的樂趣

圖 3.4　如何參與「勇獅」

整裝待發，出走曠野

好的預備，就是成功了一半。從事 20 多年的野外福音工作，累積了不少籌備野外福音活動的心得，這些心得，不是道聽途説的二手資料，而是親身經歷所帶來的學習，這是不斷嘗試、犯錯、反省和改善的成果。當然，一切還有賴天父的恩典，不離不棄地給與機會和指引。這些年累積的一些心得，分成四招三絕，作為獨門「祕笈」分享。大家勤加練習，整裝好了，便可以帶領年輕人出走曠野。

第一招：名師指導——因着工作關係，有一段時間我逢星期四休假，某次看報得悉，有一個名為「山海之友」的旅行隊，每週舉辦活動，上山下海，遊遍香港，於是報名參加。「山海之友」領隊李君毅先生博學多聞，對境內山水瞭如指掌。我最愛緊隨着他，一邊欣賞風景，一邊聽他講述景物的典故和山野經歷，而且不用回應，因他乃失聰人士。李先生失聰，卻善用雙眼，觀察入微，並樂於分享山水之妙。隨隊兩年，雖未正式拜師學藝，但永遠不會忘記這位啟蒙老師的教誨。

第二招：涉獵羣書——過往有關本港山野的書不多，很快便全都讀畢，後來由有心人出版的《野外》雜誌，我從創刊號開始已訂閱，令我獲益良多。可惜終因市場狹窄而被迫停刊，當時真是若有所失。幸而近年有關當局大力推廣境內郊遊，此類書籍出版漸趨蓬勃，而且資料詳盡、圖文並茂、印刷精美、可讀性高。坊間更有一本出色、有誠意的雜誌，名為《野外動向》，實在不容錯過！行萬里路，讀萬卷書，可謂相得益彰！

第三招：實地考察——有名師指導並涉獵羣書，不等於可以閉門造車，籌備野外福音活動。曾有兩年時間，我專心考察西貢區，另外兩年鑽研大嶼山，再加兩年深究新界東北區。每次路線不同，都必先仔細閱讀目標地區的地圖，計算路程時間，然後實地記錄整個地區資源：交通、水源、空地、樹林、山坡、補給、公廁、涼亭、垃圾管理、營地（營位）、燒烤場（爐位）和其他公眾設施，近年也加上測試手提電話的覆蓋範圍。這些資料的搜集，有助野外活動的程序設計，更會在計劃有變動，或萬一發生意外時大派用場。

第四招：準備充足——籌備野外福音活動，必須具有質素的工作者和隊工配合。大自然的環境變數實在很多，再加上舉辦的活動，是對人的工作，令野外福音活動有更多變數。故此事前的準備工作，不可馬虎，要作兩手或多手準備。除了上述提及的準備工夫外，我們亦要認識所服侍的對象；如果不能夠在活動前認識他們，至少也要了解一下他們的野外活動經驗、參與活動的目的、臨場的身體狀況（包括半年內有否服食藥物、大病或動過手術等等）和裝備（如足夠糧水、合適衣着、雨具、哨子、電筒電芯、地圖、指南針、後備寒衣和食糧等），初步評估是次活動的風險，早作防備。隊工也要按各人的能力有清楚的分工，最好透過事前的集訓，建立隊工的默契和紀律，以致有效率地回應突發事故和危機。

除了做足活動安全措施外，有質素的野外福音活動，不能忽略簡介活動（briefing）、帶領活動（leading）和解説活動（debriefing）的準備，這些基本功和山藝技術一樣，要多觀察、多準備、多實踐、多反省、多改進、才會得心應手，為所籌備的活動帶來生命和特色。

好好地操練以上四招，假以時日，加上一點運氣，相信籌備野外活動，難不到一些有心人。但我們在談論着的，是籌備野外「福音」活動，這是一場屬靈的爭戰啊！所以我再介紹三式「絕招」，所謂「絕招」，是説我們的「對手」即使洞悉我們的招數，也奈何不了，如此，我們便穩操勝券了！

絕招一：建基《聖經》——大自然環境和野外活動的形式，本身已充滿很多信息，野外福音工作者很容易忽略以《聖經》為基礎的原則，忘記上帝的話帶有能力，比任何觀念更實際、更有永恆價值。我們的野外福音事工（或任何事工）如果不建基於《聖經》，如何可以在屬靈爭戰中得勝？

野外福音事工義工組聚會時，也學習以《聖經》為中心：我們查考〈以弗所書〉四章一至十六節，反省野外福音事工義工組的信念、使命和態度；或查考〈路加福音〉三章一至二十節，明白我們為何要在曠野傳講信息，傳講什麼信息？或查考〈馬太福音〉四章一至十一節，洞悉魔鬼的詭詐，效法主耶穌如何抵擋試探；而我們研讀〈尼希米記〉，則以重建城牆比喻區會推行回歸曠野文化，學習尼希米的情懷、禱告、依靠、部署和應變……

絕招二：與神同工——做福音事工而不與神同工，本來是個天大的笑話，偏偏卻是我們的現實寫照。我們總愛偏行己路，憑血氣行事，任意妄為。殊不知福音工作本是上帝的工作，祂容讓我們參與，是一個莫大的恩典，但願我們可以「在場」欣賞和見證祂的作為，享受成長的喜悅。

舉個例子，在野外做服侍，我們最關注的是天氣，會禱告求主給我們好天氣，讓活動可以按我們的計劃進行。經過多年的經歷，知道所當求的，是求主給我們祂認為最好的天氣，請祂體諒我們的軟弱，指示我們如何善用祂為我們安排的環境。經驗告訴我們，無論晴天雨天，總有天父的保守和祝福，叫順從祂的人得着益處。

一次，我想效法主耶穌就地取材傳講信息，結果經驗了很特別的「與神同工」：我往即將舉行福音營的地方作現場勘察，我祈求聖靈指引，告訴我該選擇的地方，結果禱告等候了七天，聖靈開我的眼，看見一個地方，旁邊有一個臭氣沖天的垃圾池，可以體驗主在馬槽居住的卑微；也有海可闡述主召門徒、平靜風浪、彼得渡海等事件；有山可講登山寶訓和山上變像；有田可講撒種比喻；有井可講井旁談道；還有一個廢堡，可想像耶穌最後入耶路撒冷城被賣、被釘、死而復活，耶穌的生平就在這裏重演！與神同工真是好得無比！

絕招三：謙卑服侍——以上兩式絕招本來已經「夠殺」(足夠有餘)，但如果不去苦練最後一招，或會前功盡廢。隨着技巧的熟練和經驗的累積，人很容易會依靠自己，看不起其他人。故此要晝夜思想先知彌迦的教訓：「祂向你所要的是……行公義、好憐憫、存謙卑的心、與你的神同行」(彌六 8)，一生一世敬畏上帝。

3.3.1 附錄一：「勇獅計劃」回顧

2001 年初，陳德義牧師（前中華基督教會香港區會培訓及發展顧問）約我洽談中華基督教會香港區會（下稱「區會」）和突破的合作，雙方商討在區會推行野外福音工作的可能性，這令我滿心感恩，因為上帝應允了我的禱告。

在突破事奉了 20 多年，經由天父的引領，開展野外福音事工，在多年的探索和實踐裏，累積了不少寶貴的經驗——前線的服侍、活動的籌備、工作人員的培訓、信息的發掘和事工的策略等；更於 1996 年突破青年村建成後的幾年之間，有不少機會與教會結成夥伴，發展教會的野外福音工作，尤其是與循道衛理聯合教會的三年合作，更令我大開眼界，見證教會與機構配搭服侍的美善。身為區會的一分子，我夢想有一天區會也可以發展野外福音事工。大自然與人類息息相關，而且充滿信息和啟發性，如果城市人與大自然距離愈來愈遠，我們的下一代便不懂得愛護大自然，更不會從大自然得着生命的智慧。教會和基督教學校如果不鼓勵青少年親近大自然，又如何與他們分享神的創造、曠野的磨練、箴言的智慧、耶穌的比喻？難道我們眼巴巴看見生態不斷地被破壞，卻仍甘心成為沉默的幫兇？

「勇獅計劃」的成立

因着上帝施恩的手幫助，事就這樣成了！ 2001 年中，區會和突破決定由 2002 年初開始合作四年，以「勇獅」(區會英文簡寫為 CCCC）為代號，象徵我們需要很多很多勇士，排除萬難，進入曠野，領受真理，並繼續堅持，在堂會和學校中推廣曠野文化——帶領更多人進入曠野，接觸大自然和創造主，生命得到更新；然後安全地回到城市，繼續反復思想曠野的經歷，然後與別人分享。

若要達到以上目標，我們須按部就班，培訓更多有志在曠野服侍的弟兄姊妹，成為野外福音工作者，同時給予他們足夠的操練和實踐服侍的機會。因此，在「勇獅」的四年計劃中，需要實踐各種的訓練，包括初、中、高級野外福音工作者訓練、每年暑假的野外福音營和導師訓練。野外福音工作者的訓練形式，會採用香港政府認可的「香港攀山總會」的山藝技術課程，由突破派出合資格的山藝教練主領，再加上特別為區會設計的野外福音工作者培訓課程，可説是全港獨有的訓練計劃。我們希望這羣「勇獅」可以實踐所學，所以計劃每年暑假舉辦野外福音營，邀請區會的堂校招收青少年參加，並派出青少年導師接受野外營會導師訓練，負責帶領小組和關顧的工作，而「勇獅」們則負責野外安全（如定向、繩結、危機處理）、野外生活（如紮營、烹飪、衞生）、營會主題和信息、活動的設計和執行等。突破也會派出野外活動組義工支援每個培訓和營會。

「勇獅一號」大致按計劃進行，初級課程反應熱烈，分為兩期舉行，培訓了 70 人，同時亦開始製作「勇獅」網頁。暑期營會的反應卻強差人意，只有小部分堂會有回應，結果中五畢業福音營的營友人數由 80 人縮減至 39 人，而中學生野外福音營更只有 34 人參加。然而，35 位「勇獅」接受了野外營會導師訓練，其中 20 多位更分別參與了兩個營會的事奉，雖然是初次在野外服侍青少年，卻做得有板有眼，且得青少年的敬重，實在令人欽佩。青少年對營會的反應亦十分正面，其中有 11 位畢業生自動請纓，參與協助一個月後的中學生營會，並願意接受我們因應需要而加插的「少年勇獅」培訓，他們及後在營會中的表現，亦令營會生色不少。

野外活動：由「回歸自然」到「山野歷奇」

一連串活動後，大家都十分興奮，區會同工趁機成立「區會野外福音事工小組」，學習在區會推動野外活動，並於 2003 年 4 月歷史性舉行「回歸自然」活動系列的首個活動，至 2005 年已舉辦了 16 次活動，吸引了區會堂校的大自然愛好者參加，平均每次十多至 20 人不等。

2003 年，「勇獅二號」的野外工作者培訓分初級和中級，初級有 11 人參加，而 26 位於 2002 年取得初級證書的「勇獅」再接再厲，取得中級資歷。那時香港出現 SARS 危機，我們改變計劃，不再舉辦營會，在 6 月為畢業生舉辦「少年勇獅初級山藝訓練」，有 11 位少年人參加，令擁有山藝初級資歷的「勇獅」增加至 92 人。同年 7 月舉辦別開生面的「少年勇獅山野歷奇」，活動包括溯澗、夜行和荒島探險，在非常時期也吸引了 29 位青少年參加，其中更有五位遠道從澳門志道堂來的參加者。兩次活動分別有四位及九位「勇獅」參與協助，表現更趨成熟。這個暑假，亦是首次有教會邀請我們，協助團契舉辦野外活動，令我們又多一個學習服侍的機會。

至此，「勇獅計劃」已經完成了一半，我們在各項培訓和活動共接觸到 500 多人次，所以將「野外福音事工小組」改名為「野外福音事工網絡」，網絡區會內志同道合的弟兄姊妹成為會員（暫時這是一個敗筆，因為我們沒有足夠的內容去維繫會員），同時招募一羣「勇獅」組成義工組，由 2004 年 1 月開始每月聚會一次，再由其中四位義工組成職員會，連同幾位顧問（周寶熙牧師、陳德義牧師和筆者）定期開會，為區會探索野外福音事工的方向，帶領義工組策劃「回歸自然」活動和暑期活動。

「勇獅三號」重點在於高級野外福音工作者的培訓，雖然只有八位「勇獅」參加，但 2004 年 3 月，區會的首批山藝領袖終於誕生，他們俱受嚴格訓練和擁有急救證書，成為區會日後舉辦野外活動的保障。而今時今日任何團體舉辦野外活動，是要看山藝領袖和參加者的人數比例的，從積極方面來說，是要確保活動的安全性；至於消極方面，是萬一有意外發生而涉及訴訟或保險，山藝領袖的存在，實在舉足輕重。當然我們仍要繼續為區會培訓更多山藝領袖。

人才培訓漸成氣候

2004 年暑假，只有三間堂會與中學生參加野外歷奇福音營，合共 43 位學生和 12 位導師，而「勇獅」義工則承擔了營會所有主要職位（正副營長、程序長、後勤長等），突破同工及義工則負責後勤支援。「勇獅」義工首次全盤策劃野外歷奇福音營，實在做得不錯！營會中出現一個風波，就是學生們輕視大自然的變化，他們沒有按指示攜帶裝備，當時天氣惡劣，所有程序被迫停止，全部人在滂沱大雨中，躲在天幕內，度過漫漫長夜，部分人更全身濕透。大會經過多方面考慮，決定按兵不動，結果引來部分教會導師與營會高層的激烈討論。大家都是為學生的好處設想，並沒有對錯之分，但在山野環境的判斷上，多位山藝領袖的意見仍是較為可取。還有一樣是始料不及的，學生對於營會的回應十分正面，大部分都對這個晚上的經歷至為深刻，如「從未有過的經歷」、「準備不足才有這樣的後果」、「感受到導師和組員對自己的關顧」、「在這環境中可以和團友深入溝通」、「大自然的變化原來真是可以這樣子的」、「明年會不會再舉辦」……

2005 年是「勇獅計劃」的最後一年了，剛於暑假舉行的野外歷奇福音營，有來自三間學校和兩間堂會，合共 30 位少年人參加，這個營會仍由「勇獅」義工主持大局，特別之處是，最有經驗的義工因各種原因未能參與，卻造就機會給第二梯隊學習承擔，結果依然做得十分出色。還有值得一提的是 —— 有四位「勇獅一號」的參加者，成為區會的義工，是次出任小組副導師，希望將自己在營會中所學的，與學弟學妹分享，看見他們的成長，怎能不歸榮耀給主！

至於「勇獅」義工組經過一年的探索後，翌年開始以查考《聖經》為主，學習以《聖經》為基礎發展這個事工，推廣曠野文化。

「勇獅計劃」最後一個項目，就是完成計劃中的最後一個高級野外福音工作者訓練，希望可以培訓多些山藝領袖。

3.3.2 附錄二：曠野的服侍

為期四年的「勇獅計劃」於 2006 年完成了。這個由區會和突破合作的計劃，為區會培訓了百多位初級野外福音工作者和 30 位中級野外福音工作者，其中 9 位剛完成山藝領袖培訓，而突破也完成了她的歷史任務。

區會的福音事工部也正式成立了野外福音事工網絡，在周寶熙牧師、馬志民牧師和周子忠宣教師的領導之下，來自不同堂會的「勇獅」，每月聚首一次，敬拜、禱告、查經、分享及學習一切與曠野有關的知識，為在區會推廣回歸曠野的文化而努力。對外方面，主要是舉辦回歸自然活動和營會，在曠野中服侍區會堂校的弟兄姊妹，帶領他們安全地接觸大自然，享受從上而來的祝福。「勇獅」也可以按堂校的需要，為堂校「度身訂造」回歸自然的活動和營會。

服侍 M 堂的經歷

某堂會（下稱 M 堂）想在暑假期間，為該堂的青少年舉辦一個野外福音營，於是聯絡野外福音事工網絡的職員會，經商討後，決定可以協辦是次營會。我們等候上帝的心意，最後選擇了〈詩篇〉十九篇作為營會的中心信息。我們在聚會中查考經文，發現了多個寶貴的信息（括號內為經節）：

- 上帝透過大自然（1-11）和被神觸動而知罪的人（11-14）來彰顯自己的作為。
- 上帝的屬性——大能（1-6）、公義（7-11）和慈愛（11-14）。
- 人的五官被觸動（1-6）、靈魂被喚醒（7-11）、生命被救贖（11-14）。

因此，我們以「上帝的作為」作為營會的主題，又以〈羅馬書〉一章二十節作為營訓，目標是透過三日兩夜的曠野活動和工作人員的服侍，引導青少年喜愛大自然、喜愛閱讀《聖經》和喜愛返教會。

由於M堂最後沒有教牧和導師出席營會，因此我們除了負責設計程序、帶領營會和安排一切後勤工作（如物資、膳食等）外，還派出四位「勇獅」承擔小組導師的工作。我們選定了西貢西郊野公園的嶂上作為野營地點，程序組和後勤組便數次到實地勘察，為營會作好準備，態度認真。此外，由於我們遲遲未收到M堂的營友資料，對服侍對象的年齡、性別、信仰一無所知，在程序設計和物資安排上要做多很多工夫，加上暑假期間，各人在自身教會的事奉也十分忙碌，所以在最後一次籌備會（即營會前兩天），我們仍未找到一個令大家滿意的營會程序，我們知道這是上帝「出手」的時候了！

禱告就事成

我們禱告，事就這樣成了。

上帝的作為，最容易從天氣看出來，營會前的天氣十分酷熱，我們擔心在城市生活的青少年，捱不住在烈日之下，背着大背包上山的路程，所以找到一條接近河流的上山途徑，計劃讓青少年在那裏玩水消暑，才繼續行程。但由於當時已多天沒有下雨，我們又擔心水流不足。營會前一天，卻下了一場大雨，營會當天已沒有下雨，更有清風伴着我們上山，水流充足，我們趁此機會講述「水」是上帝創造的傑作，也和青少年分享幾段有關「水」的經文。

或許由於前一天下大雨，令很多人裹足不前，嶂上這個野營勝地，那幾天差不多由我們這幾十人獨享了！我們在營地安頓後，便出發去看日落，講述上帝在創世的時候如何造光、如何管理晝夜。晚飯後帶領營友離開營地，出外體驗黑暗，思想黑暗、分享黑暗的意義。

第二天是星期日，我們選擇了一個有樹蔭而又開揚的地方，唱詩敬拜讚美上帝，按〈詩篇〉十九篇的鋪排，我們計劃與青少年探討，如何藉着

《聖經》，得見上帝的榮美。在敬拜中分享《聖經》的內容、獨特性和重要性，以及上帝話語的能力和對人的影響。

上帝隨時的帶領

隨後而來的程序，最令工作人員頭痛，在沒有更好的念頭時，我們惟有推出「野外定向」這個環節，首先教導營友看地圖和使用指南針，然後分組出發往幾個指定地點，希望他們運用地圖和指南針尋找方向時，可以明白《聖經》在人生旅途上的重要性和必要性。上帝知道我們不需要花幾個小時的活動傳遞這個信息，所以以雷暴提醒我們，急召所有小隊回基地，然後將一個意念放在我們心中，我們立刻改變程序，引領營友靜行到一個地方，然後再赤腳靜行返回基地，在途中思考上帝的話，保護我們行走崎嶇人生路，就像鞋子保護我們的腳，免得我們的腳被刺痛、受傷和被染污。結果這個「赤腳行」，成為營友們最深刻和最欣賞的程序！

晚上我們讓營友在山上獨處靜思，由導師個別探訪後，收集了兩種意見：「讓他們多一點時間靜思」、「早些讓他們回來休息，準備明天一早起來」，兩難之間，猶豫不決之際，上帝差派牛羣在附近騷擾，迫使我們即時收隊回基地。第二天早上 5 時 15 分的集隊，竟然沒有人遲到！我們上山等待黎明，觀看大自然的變化，看到太陽在一層「薄紗」後徐徐上升，知道新的一天又開始了，便懷着滿足又感恩的心下山去了。

上帝在這三天向青少年彰顯祂的作為，他們也目睹區會一羣義工生命的成長、認真的態度、和諧的氣氛、充足的愛心、靈活的服侍；後來還聽聞嶂上以外的地區有 1700 多次閃電、連場暴雨。我慶幸自己有機會參加這個營會，更感恩可以被上帝揀選。

3.4

模式二
牆內服侍「1+4」

蔡元雲

Stay alive

閉上眼睛想着從前
冬冷的天帶住暖意
離開人潮尋舊日夢
思海裏霧看花兒美
接受烏雲蒙蔽天空
珍惜抱緊眼前的人
學習判斷是非黑白
選擇接受不同頻道
珍重珍視那真善美
好讓冰封的心融化
釀製各式各樣清泉
最重要能活好當下
好好珍惜過路客人

「1+4」計劃由文策弟兄提出，當我詳細了解文策建議的教會青少年牧者及導師培訓計劃後，我感到很震驚，因為課程要求很嚴格，要求教會的牧者參與，而牧者通常都很繁忙，投身極度困難；不單牧者參與，還要動員最少四位弟兄姊妹，且要投身三年，這個要求實在很高。但我們相信惟有這樣，教會的青少年事工才能得到更新。

整項培訓計劃為期三年（2005 至 2007 年），內容包括：

- **營會**：着重生命培育和《聖經》的教導。
- **課程**：着重青少年事工的《聖經》基礎，青少年成長與文化土壤的認識。
- **見習**：着重青少年工作技巧上的學習和操練。
- **現場**：進入各堂會及社區的現場，親自觀察及體驗青少年事工的現況，並加強隊工的建立。

培訓完成後我們會在堂會進行青少年事工的評估及前瞻，之後仍持續交流、檢討及跟進。除了與堂會合作外，我們亦邀請其他有牧養青少年經驗的機構，共同參與培訓，成為一個跨機構與堂會合作的一項實驗計劃。直到現在，其中幾間堂會仍是突破的夥伴教會。

這個實驗計劃的籌備、推行及跟進工作，對我們如何牧養青少年、如何進行培訓，有着不少的提示及貢獻，我們仍在整理及消化。在這一章，我們儘量呈現當年的構思、理念、培訓過程；在附錄一，更是原本地記錄了當時的培訓內容。在附錄二中，我們選取了一些培訓內容的大綱、流程表、評估的理念和工具等材料，讓讀者全面了解整個計劃的構思。

這項計劃有很多不足的地方，然而是一個用心推行的嘗試；在 3.4.2 及 3.4.3，會展示參與的堂會及突破同工當日對這項計劃的反思和領悟，好對日後的青少年事工有着啟迪的作用。

3.4.1「1+4」內容簡介

2004 年 6 月 11 日，突破舉辦「青少年牧養與教會的未來」專題分享會，共有 2400 位教牧和青少年導師參加，可見青少年牧養是現今教會的一個重要議程。

2004 年 9 月 18 日，經過突破同工與一些教牧同工的商討，並在禱告中同心等候，我們邀請了一些教牧同工及青少年導師，以「教會青少年事工的定位」為題，共聚研討，並探索一個為期三年的「教會青少年導師培訓計劃」，討論其可行性，當日出席的約有 168 人，突破提出擔當青少年牧養的橋樑角色，為有心裝備的青少年導師，安排一些靜修、培訓、實習、探討青少年牧養模式的機會；「教會青少年導師培訓」實驗計劃就是這樣的情況之下誕生。

當時文策建議：每間參與這計劃的堂會，由一位負責青少年事工的教牧同工帶領，由他招聚四位有志於青少年工作的信徒，參與培訓計劃，這就是「1+4」模式。突破以三年時間，與八間堂會的牧者和導師一同探索可行的路，培育新一代的教會青少年工作者。下列是這項培育計劃的幾個基本信念：

基本信念

先確認本身的召命：召命從神而來，神尋找及建立一羣對青少年抱着真情、願意長期委身服侍的人。沒有異象，民就放肆，看清從神而來的異象，確認自己的身分和異象，是成為青少年導師的重要一步。我們安排一個「召命營」，讓有心尋求祂心意的肢體一同等候，在神的話語中肯定自己的召命。

以《聖經》為基礎的青少年牧養：青少年牧養不只是一些活動技巧、心理知識、程序安排那麼簡單。《聖經》中蘊藏了不少牧養青少年的重要原則，給青少年的全人成長及生命更新帶來屬天的亮光。歷代的先知、眾使徒亦留下佳美的腳蹤，主耶穌更是牧養的典範。青少年的牧者必須裝備自己，以神的話為根基。

導師的生命裝備：生命影響生命，身教重於言教。倘若導師本身不敢面對自己內心的幽暗，又怎能處理青少年的幽暗面；導師本身未得醫治，他甚至可能對青少年構成傷害。導師的屬靈操練和生命素質，會自然地感染青少年的生命。生命的裝備及屬靈的導引是不可忽視的一環。

城市宣教學的啟迪：青少年牧養不單是個人牧養培育的課題，最終每個少年人都要在他居住的城市成為光、成為鹽，見證主的光輝。青少年如何在家庭、學校、工作崗位、社區中生活，在城市的喧嚷和幽暗中活得有光有力，是重要的課題。城市宣教學在這方面的探討，對我們有所啟迪。

青少年成長的歷程與危機：青少年是成長的風暴期，生理、心理、靈性上都很波動，不斷探索自己的身分，是價值觀、世界觀形成的重要時期，成長歷程中充滿危機與契機。

家庭對青少年的成長，產生最重要的影響，牧養青少年時，不能忽視他們與父母的關係，否則只會製造更多矛盾與衝突。心理學及輔導學可為青少年成長及家庭關係的建立，提供一些珍貴的知識和技巧。

認識青少年成長的文化土壤：一個人的成長，不能避免文化土壤有形及無形的影響。這一代的青少年在後現代文化衝擊下成長：重視影像、被感覺推動、既想互動參與，又十分以個人為本、對前路悲觀、對社會參與被動……青少年導師要進入文化現場，明白後現代文化、普及文化、傳媒、互聯網、西歐及日韓文化的衝擊、傳統文化的痕迹、回歸中國帶來的文化衝擊等，才能深入地明白青少年的成長。

青少年牧養的操練和督導：青少年導師各按自己的恩賜，可以學習不同的牧養知識和技巧，如心理輔導、家庭輔導、歷奇輔導、野外活動、文化活動、後現代查經法、屬靈操練、網上教育、影音製作等。各方面的裝備，定要理論與實習並重，個人鑽研與他人督導並進。

我們盼望在青少年導師的裝備中，有教會的肢體結伴同行，互相支持鼓勵，並且一同探索建立一個適合該教會、該區的青少年牧養模式。求主興起並建立香港教會新一代的青少年牧者和導師，盼望同心為教會的未來，牧養新一代的領袖。

3.4.2 教會參與的回響*

一、不可少的是禱告

周牧師

蒙恩堂成立超過 50 年，是一所禮儀教會，有既定的傳統，會友都愛主愛教會，大家走在一起，像家一般。既是家人，缺點就是時有衝突，人事紛爭的內耗、沒有目標，能維持現狀已經是最大的盼望！

教會的青少年工作低沉，曾經有很多同工的努力，令事工有很多美麗的回憶，當時吸引了一羣少年人參與，但人數總是不能穩定下來。導師們很盡力，卻好像沒有明顯的成果，而且跟少年人亦未能建立起生命的關係，整個事工都有點浮浮沉沉的感覺，導師們都累了。

2004 年，我們決定申請參加突破「1+4」計劃，當時心想，也許透過其中的訓練，總會學得一招半式，為慘淡經營的青少年工作打氣。突破要求的是一位同工、四位青少年導師，我們教會事奉人員不多，哪裏能找四位導師參與呢？上帝有祂的時間、祂的預備，後來竟然沒有遇到什麼困難就湊齊人了。記得其中一位導師，他是兩位孩子的爸爸，有一天完了崇拜，忽然間煞有介事，把我拉在一旁，跟我說要加入「1+4」的隊伍，這父親訴說着他跟兩個孩子相處，出現許多問題，希望「1+4」的訓練能提升他與孩子相處的技巧。

問題卻是不期而遇；訓練還沒有開始，其中一位成員，因着時間分配的緣故就離隊了。接着，訓練開始年多之後，教會的人事問題又令一位成員離開了，本來五人的隊伍，只餘下三位男丁。那時候自己也要面對教會的人事風浪，且要面對另一位全職同工的離開，青少年工作比參加「1+4」之

* 由於本書出版與「1+4」計劃的時間差距，某些堂會經歷人事變遷，部分撰文者已不在該堂會服侍。

前更凋零，整間教會也陷在低潮和紛爭之中，自己心裏不好受，承受了好大的壓力，甚至想過要離去。那時候我們人丁單薄，真的想放棄！況且愈受訓，愈了解到青少年工作，根本不是搞活動，而是要建立生命、訓練門徒，我們不禁問：我們可以嗎？

最後我們還是決定堅持下去，一方面我們相信青少年工作是我們的召命，另一方面也深信上帝既讓我們受訓練，必有我們要學習的地方，更重要的是，上帝愛這間祂建立的教會。

2006 年底，我們決定暫停週六的青少年團契，主因是人數不穩定，也覺得要多些空間，思索青少年工作到底是什麼？應該怎樣走下去？還有更進一步要求問的：上帝要蒙恩堂成為一所怎樣的教會？我們有豐富的歷史、深厚的神學根基、美麗莊嚴的建築物，但到底欠缺什麼，以致教會如此乏力呢？上帝眼中的教會是怎樣呢？

〈耶利米書〉一章，主曾說神要對祂的子民施行拔出、毀壞、傾覆，又要建立、栽植。蒙恩堂這幾年間，正經歷〈耶利米書〉所說的。從沒有想到參加「1+4」會有這樣的歷程：推倒重來。知易行難，拆毀重建的不單是架構、建築物，而是自己的生命，放手讓上帝來帶領，順服管教，重新認識祂，真的是既難過卻又精彩。

還記得某個星期六做靈修，忽然吹來一陣風，露台上的花瓶被吹掉下來粉碎了。太太知道後，便開玩笑跟我說上帝要破碎我，我當然一笑置之。第二天早上崇拜時，敬拜隊在領唱讚美詩，唱哪首歌已記不清楚了，但內容大概是跪在上帝面前讚美祂的意思，那時忽然有聲音對我說：「周輝，你口說跪拜我，卻站立在此。」當時不以為然，聲音又再響起，這次我知道是上帝的聲音。我連忙回答：「主啊，那麼多人，好尷尬啊，我給祢鞠躬吧！」結果我真的鞠躬了。但聲音卻沒有停止下來：「你口說跪拜我，卻站立在此。」我對上帝說：「好，如果下一首敬拜隊帶領的詩歌有跪拜的歌詞，我就跪在祢面前敬拜。」下一首的歌詞大家都猜到吧，結果我順服地跪了下來！

隔天早上，我又坐在同一個位置做靈修，甫一坐下，我看着那個剛買回來、又刻意放得更穩妥的花瓶，心想不會再被打碎吧！一瞬間，風來了，花瓶立即又被吹掉在地上，粉碎了；我立即向上帝禱告，願意順着祂的心意來帶領教會。那天的經文是〈哥林多前書〉十二章，是有關屬靈恩賜的，上帝要分給各人，叫教會復興。當時我向上帝禱告不懂怎樣做，但上帝説要信任祂，要放手讓祂來做，我向祂降服，願上帝的旨意成全。

重建祭壇，重修關係

「此後，我要回來，重新修造大衛倒塌的帳幕，把廢墟中的重新修造，把它建立起來。」（徒十五 16）

在「1+4」的旅程，蔡醫常常挑戰我們：到底教會是什麼？我們的教會觀如何，直接影響我們建立怎樣的教會，坦白説，起初蔡醫挑戰我們反省教會是什麼時，我想都沒有想，忙碌的教會事工已經充塞了生活，有時連會友的需要也沒有時間處理，思考空間變得很奢侈，教會已經 50 之齡，就算想到了、想通了，能改嗎？

在突破同工阿 Ling（王慧玲）的帶領下，我們於 2007 年初開始了教會的禱告祭壇。沒有特定的禱告清單，沒有自己的議程，只是專注地一起學習敬拜神，像兒女與父親見面，容讓上帝在教會重新掌權，容許聖靈自己作工。

教會在 2006、2007 年停止了大部分活動，有些是事工效果不理想，逼不得已停下來，有些則是刻意放慢腳步。當時「1+4」只餘下我和另外兩位男丁。感謝神，我們建立了深厚的感情，不單是朋友的，也是一份在基督裏的肢體情誼，我們彼此有分享、有代禱、有眼淚，建立祭壇的其中一個原因，就是盼望這種屬靈的交往深度能延展出去。此外，更重要的，就是我們要學習與上帝重建關係，就好像新婦般回歸到主的跟前，安靜守候，等候主向我們説話。十多年的事奉，首次在星期六的下午不用參與聚會，容讓教會全體都有空間，可以不為成果死線而安靜等候，重建與神與人的關係，在主的面前靜候祂的回答 —— 祂要怎樣的教會？

然而，怎樣開始建立禱告祭壇呢？我是在傳統教會中長大的，我絕對懂得怎樣向上帝列出每一項禱告清單，卻不懂得去聆聽上帝的帶領，而且沒有充足「人為」預備的聚會也叫我不安，若沒有信息，沒有領受怎麼辦？而且我們的教會也嘗試過不同形式的禱告會，主日清晨的、週日的、聚會前的，結果我們都逃不過因人數不足而「關門」的結果。參加禱告會的人是有的，但除了苦苦堅持之外，卻沒有什麼改變果效。

阿 Ling 在我們當中，開始了兩次的禱告祭壇，之後就交由我帶領了，當時我感到很大的不安、憂慮。一位弟兄曾經在禱告中見到這樣的圖畫：他看到牧師在一個漆黑的房間，臉上帶着憂慮，只因見到上帝的一點光，就鼓起勇氣摸黑，摸着上帝的繩索，向着光前行。沒錯，在帶領祭壇的職事上，上帝要我學習，要我放手。這是上帝在這段日子給我的陶造。

禱告祭壇為教會帶來很多更新 —— 會友愈來愈多實踐禱告讀經，當中我們亦推動了幾次的禁食禱告操練，在堂慶前，全體會友參加了禁食禱告的連鎖運動，更多人禱告，很多兄姊重建與上帝的關係，更多生命慢慢地，在上帝的慈憐中更新改變。禱告祭壇中我們也學着向聖靈開放，讓聖靈更新我們，我們學習領受提醒、順服，面對生命的營壘等問題。

禱告祭壇其中一個重要的目的，就是尋求上帝給蒙恩堂的異象。打從神學院畢業的第一天，我便知道異象的重要性，可是十多年前剛開始事奉，是在一間中型教會，當時擔當二線的位置，跟着領袖同工跑就行了。但是當上蒙恩堂的堂主任後，就知道要有異象，可惜神學院從來沒有這門科目。還記得初來蒙恩堂事奉，只在其他的教會宣言中，堆堆砌砌，挪用了幾個教會目標作異象，過了一段時間，連自己也不把這些目標記在心上，這次終於學懂在上帝面前等候。有一次，我為着教會的異象禱告，上帝讓我看見了一所普普通通的大樓；我把這圖畫記在心中，我想建立的，是一個外表宏偉、內裏佈置得莊嚴肅穆的大教堂，且有美麗的聖壇，要吸引萬民到這所教會敬拜上帝，但上帝的異象不同於人的異象，上帝不需要人為祂建造聖殿。

那時候，一段《聖經》經文吸引我的心。上帝要重新修造大衛倒塌的帳幕，把那破壞的重新修造建立。《聖經》的話提醒了上帝要的是什麼：不是宏偉的建築物，而是一顆以心靈誠實敬拜的心；不是吸引人來，而是像大衛獻祭的地方一樣，能夠不斷移動，進入人羣；不是有四面高牆的建築物，而是無牆的教會，人被差出去，外面也能觀看我們的敬拜禱告。上帝將祂的心意溫柔地放入我們的心中，一間不再內向、以宣教為異象的教會，正是祂所要的！

教會重新得着異象，應該是歡喜的事情，但問題是，蒙恩堂這小小教會怎有能力回應上帝的旨意呢？帶着又驚又喜的心情，更催逼我們走到上帝那裏求能力、求方法、求一切我們沒有的，除了走近上帝，還可以怎樣呢！

重建祭壇，建立隊工

在「1+4」的學習中，重點是「建立隊工，訓練門徒」，這八個大字是我從來都不懂的課題，不懂除了因為自己的成長和訓練，都是以學院教授和課程為主，我懂的就只是講課，單向的學習，而且這年間求師也很難，根本就不懂什麼叫門徒關係。另外的原因，也就是做牧者的事奉歷程，其實也有很多受傷流淚的時侯，有時是少不更事的自尋煩惱，有時是撒但的攻擊。在牧養的過程中，與兄姊同工的配搭而產生誤會，彼此傷害，就會退回安全區，保護自己不再受傷害，誰不怕痛呢？

有一段時間，自己把感受收藏起來，努力地扮演牧者，結果與會友之間築了一幅牆。上帝在禱告祭壇中施行醫治，對自己有很多的更新建立，跟兄姊多了生命的分享，漸漸地，牆被拆掉了，關係也重建了。禱告祭壇其實也有人事紛爭，有需要學習的地方。有一次，團隊中有人因自己生命的起伏調整而缺席，其他成員都為此不滿，認為無論什麼原因，禱告祭壇都應該是放首位的，他們甚至在電郵中留下嚴肅的話。但我們經過禱告，亦分享及了解情況，彼此重新肯定對生命的認真和付出，那惡者的計謀不單沒有得逞，那次的禱告祭壇令人感動。我們彼此學習信任、欣賞和同心，也一同學習以禱告敬拜服侍主，為上帝爭戰，也學習到不再是一個人的事奉。

新的眼光

上帝的恩典很大，當我們順服祂，以禱告敬拜去服侍祂，祂教曉我們怎樣建立祂的國，給我們新的眼光，不再單看自己，不再單看蒙恩堂。

今年我們更新了細胞小組教會的轉型歷程，幾年前，我們為教會換了細胞小組的「殼」，卻沒有換「心」，結果造成很多災難。現在重新上路，我們知道禱告的重要，學懂了先後次序，我們有三分之一的會友參加轉型課程，本來是普通的理論課程，卻變成了弟兄姊妹的培靈會，每個參加的人都在訴説着自己的生命要先改變，更多的兄姊加入禱告，《聖經》成為了大部分聚會的核心。一次的禱告祭壇更有 16 個弟兄姊妹參加，很多恩典，很多改變，也有很多反省。我們相信，這旅程沒有結束，且還在持續中，要學習的還很多，但我們深信主必帶領。

對於禱告祭壇的感受，我可以説經由「無知」,「得知」,「心知」，以至「愛知」四個階段。當初受邀參加禱告祭壇時，並不知其然，只知是為教會尋求異象而禱告。出席幾次後，開始「得知」成立祭壇之使命，要為教會異象禱告，為教會要成為一間宣教的教會禱告，為教會肢體合一禱告。由害怕開口禱告，以至打開心扉，高聲向上帝禱告,「心知」被聖靈充滿。

幸好當我們恆切禱告，倚靠着神，能從軟弱中強壯起來，禱告更加得力，肢體關係因而加深認識，與神的心更能連在一起，彼此進而更加相愛，一年多的禱告後，看到上帝已為教會開路。蒙恩堂將會成為一間宣教的教會，參加祭壇的人數亦隨之增加。參加祭壇以來，自己在靈命更跨前一步，感到應做好裝備，為神所用。

（作者代表信義會蒙恩堂參加計劃）

二、重拾召命，更新牧養

黃弟兄

參與兩年多的「1+4」計劃，給我整體的感受是：第一，牧養青少年的路上，並不孤單，因有很多有心人同行；第二，激勵我委身服侍青少年的生命，願意繼續在神所賜的崗位上，盡心服侍青少年。我總結了以下幾項學習：

迎來更新

· **召命更新：**參加「1+4」計劃，感受到蔡元雲醫生和謝文策弟兄都很愛青少年，委身服侍 30 個年頭。使我重拾起初服侍青少年的召命，事奉中碰到困難，也堅持不放棄，皆因有生命的榜樣。

· **事工更新：**在一次營會中，蔡醫邀請了蔡蔭強牧師，向我們分享何謂健康的青少年牧養事工。這次聚會之後，我們在神面前安靜，全面檢視教會的青少年事工，並逐一寫下當中的強弱和整體的需要，最終帶來教會青少年牧養的更新。

· **牧養的藍圖：**神真的很奇妙，那時候，教會正好要更新青少年事工。我在神面前，坦然面對教會的困難，寫下牧養青少年的需要，草擬了一份牧養青少年的藍圖。當突破同工策叔、Vivian 到教會探訪我們時，我與他們分享當中的內容，參與這計劃的導師也是首次聽取有關的計劃，還記得各人的反應都很正面。其後在「1+4」活動中的分享，大家的回應都給我們教會有很大的鼓勵，深知道神藉着這計劃，更新我們的青少年牧養。

· **生命的影響：**2007 年 11 月 23 日，早上往突破青年村，本來是與策叔和 Vivian 討論如何做「1+4」計劃的總結。到了最後，我訴說自己在事奉中的掙扎和困難，記得策叔的回應：「很難改變別人，要改變的是自己」和「每一個傾談或事奉上的安排，目的應是建立人（建立別人和建立自己）」。

在回程時，乘搭策叔的「順風車」，這是第一次，亦是最後一次，途中他仍不斷鼓勵我。在不足 48 小時後，天父便息了他在地上的勞苦。從策叔的生命中，我學習到不是以目標為本，乃是以人為本；不是關注事情，乃是關注人的生命。

· **生命的延續：**雖然策叔暫別我們，但其生命的影響仍然存留，並祝福着很多的生命。從收到突破同工的短訊，到安息禮當日，那段日子所發生的事情都給我很多提醒。在策叔的安息禮中，最令我難忘的，是策叔這份為父的心，不但對天水圍的「天 Teen」，還有他與兒子的情懷，也給我很多的反省。父親與兒子之間的親子時刻，確實是很重要和寶貴的。

「我實實在在的告訴你們，一粒麥子不落在地裏死了，仍舊是一粒，若是死了，就結出許多子粒來。」（約十二 24）

其中最大的是愛

感謝神給我機會，代表教會參與突破舉辦的「1+4」計劃，透過這計劃，更新了我的生命、青少年牧養的召命和教會的青少年事工。相信在這計劃中，最重要的不是事工的更新，乃是生命的更新。若作為牧者的生命沒有先被神更新，清楚知道自己的召命、負擔，和對青少年生命的關注和愛心，這只不過是成功的青少年中心，而不是教會的青少年事工。牧者的生命得到更新，事工便會隨着更新。

在此以〈哥林多前書〉十三章一至三節、十三節共勉：「我若能說萬人的方言，並天使的話語，卻沒有愛，我就成了鳴的鑼、響的鈸一般。我若有先知講道之能，也明白各樣的奧祕、各樣的知識，而且有全備的信，叫我能夠移山，卻沒有愛，我就算不得什麼。我若將所有的賙濟窮人，又捨己身叫人焚燒，卻沒有愛，仍然與我無益。……如今常存的有信，有望，有愛；這三樣，其中最大的是愛。」

沒有愛青少年的心，縱使有全幅青少年的牧養藍圖，都是徒然；相反，只有愛青少年的心，卻沒有適切教會的青少年牧養計劃，都不是主的心意。主要求我們作好管家，忠心地去完成祂所托付給我們的小羊，好好牧養他們，正如主耶穌愛我們一樣。

（作者代表播道會恩福堂參與計劃）

三、誰是船長

梁傳道

記得有一年新學年初，學校的視覺藝術科老師把我的樣子畫成一位船長般，之後並將那幅畫像製成船票，此船票用作新一年以「快樂船」(FellowSHIP) 為題的團契宣傳。當這張船票「出街」時，不少的學生也以「明輝船長」來稱呼我，這名字聽起來怪怪的，作為教會青少年事工的傳道及學校校牧的我，充其量都只可稱為副船長，真正的船長就只有耶穌基督。

在 2002 年夏天，我按着「基督船長」的呼召，把船泊入位於沙田博康邨的基督書院。打從 1999 年開始讀神學，我便相信神呼召我在學校的堂會事奉，為着這個事奉，我常向神懷着感謝的心，對青少年有負擔及感動固然重要，但神的呼召更為重要，讓我知道神愛青少年羣體，關心他們的需要，特別是中學生羣體的需要。

博康堂是一所駐校堂會，位於沙田基督書院內，2002 年當我到任時，教會職員只有我與一位幹事，從人的角度來看，一定會感到孤單，但感謝神，當時有不少堂委及導師出力，支持教會各樣的事工。數年後教會的主日崇拜人數 150 人，而週六的青少年崇拜人數大約為 70 人。

感恩的是，博康堂附設於一所學校，作為福音基地，許多時候，我們的煩惱不是團契人數太少，而是團契出席人數太多（中一團契曾試過有 100 人出席），不夠導師做關顧及承擔。面對這些情況，教會當然會作出措施來改變。

正因如此，我們就像其他教會般，面對青少年事工導師不足的問題，而導師培育也是我們要更新的地方。感謝主，讓我能與教會四位導師參與突破的「1+4」計劃，從而對教會的青少年導師培訓有着更深的了解及反省。雖然三年的計劃，實在帶給我們許多的思考及改變，但本篇文章的重點，會放在「導師的呼召及培育」上。

神的召命

「1+4」的首個營會，是八間參與計劃的教會的「召命日營」，目的是堅立我們對青少年人的呼召及使命。而往後的日子中，首年的營會及訓練，學習的重點是關於「個人生命重整」的課題。起初接到突破的培訓方向時，我也感到十分愕然，因為按我們期望，當然是在短時間內學會突破機構的強項，例如一些帶領活動的技巧、野外歷奇的知識等（往後的日子，突破都陸續向我們教授），但一進入培訓，突破同工細意地安排我們不是要動、不是要做，而是要靜，讓我們回看神的召命，回顧我們的成長歷程。

博康堂在沙田已成立了17年，這17年間，起初在這裏信主的少年人，如今都已長大成人，成為教會中的事奉者，甚至是教會的帶領者。不只一次，他們都表達對教會當年給予的教導培育，心存感謝，他們不約而同，都被以往帶領他們的導師的忠心及愛心感染，以致他們今天願意回饋教會，或報答導師的恩情，建立一種「薪火相傳」的觀念。感謝神！博康堂有這樣好的「傳統」，讓少年人有一個遠象或期許，知道自己有一天，也會成為別人的導師。不過，知道要做青少年導師是一回事，如何做又是另一回事！若真的實踐這個遠象時，青少年導師都顯得一臉無奈！

今天回望，在突破三年的培訓中，是十分恰當及有智慧的。我愈來愈相信，在這「彎曲悖謬」的世代中，作導師真的需要依靠神，肯定從上而來的呼召，藉神所賜的恩典，才能心意堅定，帶領神的羣羊走在神的道路上。過往在教會目睹不少導師，最初一腔熱誠，但隨之而來，碰到事奉的挫折、少年人的叛逆等，事奉之火漸漸地熄滅，最後離開事奉青少年的行列。

以往教會的培訓模式，都會着重如何做一個導師，教導他們領遊戲、帶小組的技巧，這只流於一個工作（doing）層面，但導師們是帶着一個「生命影響生命」的職分，除了 doing 以外，他們能「活出神的生命」(being）更為重要，這要有從神而來的呼召為基石，方能在牧養青少年時，活出一個以神為首的生命。

神所預備的生命

在一般人的心目中，成功「導師」都有既定的「形象」，做事也有一套行之有效的模式，例如出色的帶遊戲技巧、懂得關心輔導、體育運動項項皆精，説話不會沉悶，還帶一點點幽默感。不過，若導師符合以上的要求，恐怕在教會中也找不到多少個！

作為一個教會的牧者，以什麼的準則來揀選導師？一位稱職的導師，應以神的呼召為先。但我們不要忘記神賜給人有不同的恩賜，導師應該按着其恩賜去服侍青少年。

（作者代表九龍城基督徒會博康堂參加計劃）

四、上山是為了下山

陳牧師

2004 年 8 月，我們所屬教會的中學生團契，正處於過渡期，教會轄下的一所中學（永光堂中學生團契聚會的地方），正進行大規模的改善工程，團契遷離了 20 多年來熟悉的聚會場地，暫時在教會的大樓內聚會。不經意地，整個少年事工進入了「暫時安營」及等候進入「迦南」的日子，心裏既是憧憬，卻又滿是戰兢。

感謝神，我們共有五位導師，持守着對神的委身和立志，在參與突破「1+4」計劃後，靈命更為健壯，心志更是堅固。以下我們將透過其中一位導師，勾勒及見證神在她個人生命與事奉上的美善作為。

「1+4」給我留下的三件寶物 / 羅姊妹

德誠叔叔（李德誠，現為突破培訓顧問）常常說：「上山，是為了要下山。」

「1+4」的培育剛剛完成，上山三年，我帶了三件寶物下山。

寶物一：「我的心靈札記」——「得救在乎歸回安息，得力在乎平靜安穩」

心靈札記是首年生命重整課題中，很重要的得着。那一年，我們練習呼吸，認識身體受造的奇妙可畏；在一個下午，很寫意地在地蓆上憩睡；以樹、泥土和水作為生命重整的道具，從大自然察看自己的生命本質和生命的故事。我在主裏面開始重新認識自己，也更新了一些自我價值。

那一系列的生命重整營，讓我深深地體會「你們得救在乎歸回安息，你們得力在乎平靜安穩」（賽三十 15）的道理。經過一年的重整，對於休息，我有了新的體會——休息是為了走更遠的路，也是讓主參與在其中的一種途徑。我也開始重新檢視和規劃自己的生活節奏，這對於身體和心靈的空間、承載力，也帶來益處。

這本心靈札記記錄了我被陶造的過程，內裏滿載一篇一篇的禱文、工作紙，都是很重要的歷程標記。真感謝天父讓我有這樣的學習機會。

有一次，我向德誠叔叔分享這本心靈札記，謝謝他真誠的給我寫下分享和回應，為這本札記留下美好的記錄。這本札記代表了主對我的引導和同行，提醒我若以更長的年日服侍青少年，要更多在主面前安靜休息，更新繼續前行的力量。

寶物二：*The Message* ——《聖經》為本的牧養

The Message 是現代英語《聖經》譯本，突破同工和蔡醫生在「1+4」的營會中，常使用這個版本帶領靈修或講道。這個譯本讓我對《聖經》的話語有着新的認識，也愈發增加對《聖經》話語的渴慕。這可以說是我在「1+4」最大的收穫。蔡醫生亦不時提醒我們，除了與青少年建立關係外，牧養更重要的要素，是以《聖經》為本，以神的真理引導青少年建立正確的價值觀。

這個得着，實在是一生受用，深願繼續在神的話語上努力鑽研，能以豐富的靈糧餵養青少年。

寶物三：畢業襟章 —— 新的開始

雖然「我們在這裏真好」，但「還要走的道路甚長」，我不打算留在這裏築壇，但我希望在下山後，我的生命成為活生生的一個祭壇，以生命服侍青少年。突破同工選了襟章代替證書，為免我們容易遺失。確實，襟章比證書更容易掛在當眼之處，提醒自己的召命。襟章是三年課程完結的標記，也意味着事奉上的一個開始，深願我能帶着更大的使命感、更廣闊的眼界和胸襟、更能委身的心志，為主服侍這一代的香港青少年。

（作者代表五旬節聖潔會永光堂參加計劃）

五、青少年事工是團隊事工

梁弟兄

青少年事工背景及歷史

本堂於 2004 年 7 月遷入新堂址後，因地方比舊址充足，便積極推展及更新兒童事工，且為銜接兒童至青少年的栽培，為當時的青少年事工探索新方向，於是積極向外尋求幫助。

正當本堂教牧及全體執事認同及確立了上述需要，執事會決議培育有質素的青少年導師，並撥款培育傳道人及幾位具心志服侍青少年的導師，跟着續步向全體教友傳遞此異象後；得悉突破為八間教會舉辦為期三年（2005 至 2007 年）的「1+4」教會青少年導師培訓計劃，我們便派出呂兆樑教師（任職於 2005 年 1 月至 7 月，已離職），以及三位導師，分別為潘斯安弟兄、李蕙苓姊妹及劉慧貞姊妹參與，是惟一一間教會未能符合一位教牧及四位導師的規定要求。幸而突破因着本堂對青少年導師的迫切需要，接受本堂加入此計劃。

本堂在計劃進行的三年間，積極尋找第四位青少年導師，但未能成功。即使如此，團隊無論在培訓中的參與和學習，都十分投入，包括出席所有的聚會及營會，以及持續在本堂內每月一次禱告分享會。

另外，教牧及導師對個人信仰的成長、青少年服侍的心志及青少年事工的認識，均有所得；從而肯定為主培育青少年，以及帶領他們歸主的心志，亦決心為教會發展有適切性及延續性的青少年事工。及後，「1+4」團隊亦成為本堂探討重整青少年事工的核心成員，透過在突破培訓中所學習的，擬定出「一站式」的福樂堂青少年活動。

團隊導師於 2007 年 1 月參加突破導師營會，營會中蔡蔭強牧師兩次的講座分享，介紹其堂會青少年發展和牧養的寶貴經驗，刺激我們對青少年事工發展和牧養的思考，重新評估本堂青少年聚會的現況和前景後，教牧及導師一致同意及決定更新牧養青少年模式。在青少年事工會議中，教牧及導師為青少年事工禱告、為突破營會作總結，並討論青少年事工牧養的要點，初步訂出了青少年事工發展重點，並為此祈禱。

及後，蔡元雲醫生分別在「1+4」教牧同工會及導師營會中，講解青少年牧養評估，包括人才、裝備、模式及成效四方面，其中以人才和裝備為首要，並要以祈禱開展事工。因此，教牧及導師更深入探討青少年事工發展，開始每星期以青少年為對象的祈禱會。結果，我們確立了青少年事工的異象使命，訂出「一站式」的福樂堂青少年活動方案，並獲執事會一致通過。(見表 3.2)

「一站式」青少年活動於 2007 年 10 月舉行成立禮，命名為「新 Teen Sunday」，繼續成為主日培育青少年成長的地方，包括敬拜、小組、活動，合共三小時進行。

項目 / 時段	目標	負責人數（不計教牧）	方式	特色
崇拜 11:15a.m.-12:15p.m.	以福音 / 真道為中心，使青少年得到適切的《聖經》教導和屬靈餵養，其生命和價值能建立在《聖經》上	共 3 位： 主禮 講員 司琴	· 預備禮（15 分鐘） · 聖道禮（第一、三及五星期 30 分鐘；第二及四星期 20 分鐘） · 聖餐禮 · 回應禮 · 差遣禮	影音配合，因少年人喜歡用視覺敬拜及重視感受，多於理性探討
小組 12:15p.m.-12:45p.m.	分中一至中二和中三至中五兩組，讓年齡相近的少年人彼此分享、交流和學習，互相代求	共 4 位： 2 位導師 2 位助導	輕鬆分享在崇拜中的得着，包括在詩歌和聽道，彼此關心和代禱	講員預備兩條問題，預先給予帶組導師。導師領取問題後，按組別年齡和組員特質領組。在適切時加插其他內容，如講座和栽培班等
活動 12:45p.m.-2:15p.m.	透過輕鬆節目，建立歸屬感	· 戶外 / 康樂活動：如羽毛球、壁球、網球、排球、溜冰、攀石等興趣班 · 其他學習活動：如戲劇、舞蹈和樂器等（學習一段時間後，可公開表演）； · 特備活動：如影音、集體遊戲、生日會等 · 對外服務：如探訪不同院舍、機構（需半日時間） · 戶外活動：如參觀或學習，如昂平 360、濕地公園、騎馬、觀鳥等（需半日時間）		

表 3.2 「一站式新 TeenSunday」運作

值得一提的是，青少年導師除了在 2007 及 2008 年年初本堂的事奉人員訓練聚會中，擔任主領部分的活動及分享外；更預備培訓本堂第二梯隊的青少年導師。

牧者的生命功課

作為牧者，青少年的帶領者，個人與上帝維持良好關係，是首要的關鍵，若個人靈命穩定，便容易活出基督徒的美好品格，結出聖靈的果子；相反，不穩定的靈命，除了未能活出基督徒的品格外，亦很難成為與青少年在信仰路上的同行者及帶領者。

突破每兩個月一次的「1+4」教牧同工會，使我印象深刻。每次聚會內容沒有花巧的環節，內容卻是豐富的，包括破冰遊戲、詩歌敬拜、主題分享、八間教會分享青少年事工近況，以及蔡醫的回應等。然而，印象最深刻的，是在每次聚會中的個人安靜和反思時間。每位教牧在彼此分享、詩歌敬拜或《聖經》分享之後，不會缺少的便是一段個人安靜反思的時間。對於活在香港高效率及快捷的生活節奏裏，能在每天生活中，抽空一段較長的時間，實踐個人安靜，反思與上帝的關係、與家人的關係、與朋友的相處、自己的生活等，實在不是容易的事情。

個人安靜的操練，是「1+4」導師訓練所注重的。有一個難忘的時刻，是突破同工文策帶領我們的安靜時間。他吩咐我們以最舒適的姿勢坐在椅上，閉上眼睛，安靜片刻；然後他走到我們各人背後，讀出一段經文，經文一次又一次被讀出。在寧靜的氣氛裏，我們專注地不斷聆聽和思想上帝的話語，我感到自己經歷了一段十分美好的時刻，個人能與主面對面，向祂表達自己的心聲，亦讓主的平安充滿內心，有如在天父懷中得着平安和力量。

團隊的事奉 / 劉姊妹

原本以為，突破「1+4」是教授青少年事工的技巧及活動，三年過去了，卻沒有這方面的學習；反而是學習個人的重整、肯定青少年事工的召命，以及再次確立異象，然而沒有了這些元素，確實無法委身青少年工作。

青少年事工並不是一場獨腳戲，實在需要團隊、教會異象及策略的配合，才可以將事工燃點，在過去的三年，有着另外兩位同行的夥伴及牧者，加上突破同工阿 Ling 及蔡暉明在我們隊工當中，開闊了我對青少年事工的視野與角度。

過往數年間，我們的青少年事工已有很大的躍進，更建立了一站式的青少年事奉及聚會模式，讓青少年在教會擔當不同的事奉崗位，並且被牧養。由於現今的少年人非常忙碌，出席聚會的人數並不穩定，但面對現今社會，他們更需要把生命建造在真理的磐石上，使他們健康地成長。面對現今社會洪流的衝擊，寄望這個異象能薪火相傳，點燃其他教會的弟兄姊妹。

（作者代表信義會福樂堂參加計劃）

備註

1. 本堂參加此計劃的中途，因負責的傳道人離職，由陳堅麗牧師承接（2005 年 7 月至 2006 年 7 月），後再有梁永恩教師接任負責（2006 年 8 月至 2007 年 12 月），盡力保持團隊的完整和效能。

2. 評估本堂青少年（中一至中五）聚會和發展情況，得出以下三點：（一）現中學小組組員參與聚會率偏低，原因：a. 週六下午家長或學校為組員安排了課程；b. 組員未能抽出兩日出席教會聚會，而現在部分組員參加了週日早上兒童事工服侍；c. 組員忙於參與學校或網上活動，未能經常出席週六小組聚會。（二）兒童事工中的小六生升中後需要離開現時聚會，他們期待一個合適的聚會。（三）成人和兒童皆有合適他們的《聖經》餵養，青少年也應有合適他們年齡的《聖經》餵養和聚會。

3. 購買蔡蔭強牧師寫作的《健康教會全模式暨校內堂會攻略》一書，教牧導師共同閱讀其中的青少年事工篇，藉此更多思想和討論教會的青少年事工發展。

3.4.3 突破同工參與的反思

一、召命的重尋 / 蔡元雲

成為青少年的牧者，起初是從上頭而來的召命感 —— 當我們逐步清楚自己的召命時，才有勇氣成為神的僕人。我非常看重「召命」，在《顛覆文化的牧養之道》中，兩位我們敬重的神僕，亦是此書的作者唐慕華、畢德生，一再強調「重尋召命」。

按《聖經》記載，不少神僕都有一段被神呼召的歷程 —— 舊約有摩西、約書亞、以利亞、以利沙、基甸、底波拉、以賽亞、耶利米、以斯拉、以斯帖、尼希米；新約則有彼得、約翰、保羅、提摩太、亞居拉和百基拉等，他們每個人都有不同的被召經歷。當中，有被召時覺得不配、不足、不敢的，最明顯的例子是耶利米；然而，神的回應，給我們很大的啟發和鼓勵：「我未將你造在腹中，我已曉得你；你未出母胎，我已分別你為聖，我已派你作列國的先知。」（耶一 5）

我們的召命是出於神，基於祂對我們的認識，以及祂賜予我們的才能、恩賜和異象；祂並非隨機抽調、任意差遣人的神。我們需要學習等候和明白神的心意，認識自己的喜愛、才能、恩賜、個性，認定自己服侍的對象和工場。尋找召命是一個過程：發現神創造自己是個怎樣的人，然後實踐、以至承擔神所交託的異象和使命。

我們與八間教會一起探索如何培育青少年導師，開宗明義要以「召命」作為起點，盼望每位參與者都經歷尋找召命的過程。我們發現在香港眾多堂會中，肯定自己被召成為「青少年牧養者」的牧者和導師，為數不多。原來有些牧者視青少年牧養為一個過渡性的事奉崗位 —— 以為剛從神學院畢業，未有足夠經驗，先從事青少年牧養一至兩年，再轉移牧養其他對象，或成為堂會的主任牧師。堂會的青少年導師也有類似現象，往往由一些較年輕的信徒擔任導師，當他們年歲漸長，便轉移到其他事奉崗位，不再參與青少年的牧養——彷彿青少年導師這個職事，只是屬於年輕人，且是短期性的崗位。

由於以這種過渡性心態看待青少年牧養，堂會常常缺乏長期委身的牧者和導師，青少年牧養欠缺承傳，很多時完成一個循環又重新開始，讓欠缺經驗的牧者模塑，甚至欠缺牧養的人。不少堂會的青少年牧養事工，不單是青黃不接，更是後繼無人，呈現一個嚴重的牧養缺口。

個人尋找召命的歷程

經常有人問我：從事青少年工作 40 年，不覺沉悶、重複嗎？已經是爺爺了，不覺得與青少年有代溝嗎？從事青少年工作，不覺疲累、甚至氣餒嗎？是什麼原因叫你堅持下去？

我的回應十分簡單：我知道這是神給我的召命。讓我簡單地分享這尋找召命的歷程。

我認識並跟從基督，是神透過一位熱心於青少年福音使命的同學接觸我、關懷我，我信主之後，亦得到他的牧養。然後在香港基督徒學生福音團契中，遇上一些有青少年工作異象和使命的牧者和導師：陳喜謙牧師、余慧根牧師等——直到今天，他們仍然關心青少年牧養的事奉。其後在宣道會北角堂也遇上熱愛青少年的牧者，這要多謝滕近輝牧師多年的牧養。

在大學期間，神讓我在加拿大溫尼伯的大學團契和宣道會中，有機會參與青少年工作。那時候遇上一些牧者及主內兄長，他們發掘我、培育我和肯定我的事奉和恩賜，在這裏要向雷達牧師和師母、何晧光醫生致謝。我在中學期間，是一個比較羞怯的少年人，沒有想像過神竟然讓我有機會參與團契職員、主日學老師、講道的翻譯、分享見證和信息、出版期刊、探訪、傳福音、暑期短宣等事奉，我從中發現神賜給我的負擔、喜好、才能、和恩賜——原來統統都是與青少年工作相關的。

大學畢業後返回香港，有五年時間在醫院裏工作，我亦十分喜愛醫療工作，並有機會向病者及其家屬分享見證和福音，這都是神的恩典，其間讓我遇上蘇恩佩姊妹和一羣有心青少年工作的主內肢體。經過一年的禱告、研究、討論、分享及進入青少年現場的親身觀察，我們一同領受了從上頭而來的異象和使命——青少年的文化和福音事工，是神所看為重要的，青少年是祂深愛的一個社羣。

是恩佩姊妹首先向我呼喚：「你會考慮委身青少年工作嗎？」她說感到我內心有這種喜愛與負擔，她亦相信神會賜給我所需的恩賜，並承諾為我禱告，與我一同等候。我的太太當然是最認識我的人，她也願意與我同心等候，走主所喜悅的路。

40 年前，經過個人和家人的同心等候，加上彼此守望的小組的同心禱告，我終於踏出了第一步，回應神給我的召命：按神的心意服侍青少年，並加入突破，進入青少年文化與福音的事奉。

那些年間，我經常質疑自己是否有足夠的生命裝備、屬靈恩賜，並且是否看見屬靈的果子和果效。原來召命的肯定和深化是一個漫長的過程；由於本身的軟弱，過程中曾有起伏、有懷疑。

感謝主，期間讓我有機會到神學院進修及退修，並遇上好的老師和導師，如 Dr. Gary Collins, Dr. Walter Kaiser 等。在神學院中，每週我接受個人輔導和指導：我真的適合做青少年工作嗎？我真的有恩賜做輔導及佈道的事工嗎？我對青少年的成長歷程及處境，真的了解嗎？我沒有得到 100% 滿意的答案，只是對自己所行的路，得到進一步的肯定。

我的經歷是，神呼召的，祂必定親自牧養和裝備。神給我很多教導《聖經》的機會，是要我用神的話語，建立紮實的事奉根基。神又賜給我多位屬靈導師和牧者：滕近輝牧師、李非吾牧師、王永信牧師、白基瀚博士伉儷（Dr. Hans and Ago Burki）、Dr. John White、斯托得牧師等；並且在突破這羣體中賜給我彼此看守、同心服侍的同工和義工：其中梁永泰、李淑潔、詹維明、羅慧玉、簡悅明、李金漢、盧龍光、余達心等是 30 多年如一日，成為看守我的弟兄和姊妹。

還有最重要的，是看見聖靈在青少年身上的工作，他們的生命轉變和成長，都成為我的喜樂，也成為青少年工作召命的印證。只有神能叫生命更新和成長，我知道我是與神同工的，我親身經歷聖靈的恩賜和能力，親眼在青少年身上見證聖靈的果子。青少年不單是神所愛及祝福的羣體，他們亦成為我的祝福！

與「1+4」的牧者和導師同行

過往三年，我們與來自八間堂會的青少年牧者和導師同行，在課堂、在營會、在突破不同的事工部門裏，在與青少年的交往、在堂會的現場、在社區及在野外，我們有機會一同敬拜、分享、禱告；研讀有關青少年事工的《聖經》經文、尋求認識青少年文化；並且在網上、在營會中與青少年交流，並切磋青少年工作技巧；在所有過程中，也在聖靈及《聖經》的引導下自我省察，尋找個人及羣體的召命。

我發現華理克（Rev. Rick Warren）的著作《標竿人生》（*The Purpose Driven Life*），以及他的同工編寫的《活出生命特質》（*S.H.A.P.E.: Finding And Fulfilling Your Unique Purpose for Life*）提供的架構，對我們很有幫助，讓我們彼此肯定各人的召命：

S.H.A.P.E
Spiritual gifts 恩賜
Heart 熱情
Abilities 才能
Personality 個性
Experience 經驗

我們是否有青少年工作的負擔及事奉的果子，在「經驗」中有迹可尋；「才能」與「恩賜」是神創造的恩典及聖靈的禮物，在事奉中可以發掘及發揮出來，在羣體及青少年受眾中可以尋求印證；「熱情」不單是自知、也是別人感受得到；「個性」是否適合做青少年工作，在與青少年交往中會顯露出來。

「召命」出於神，由神揀選、賜予，並感動人心回應召命。既然出於神，我們要學習等候和順服；「召命」亦需要在屬神的羣體中印證，就是在我們服侍的青少年中得到客觀的觀察及屬靈果效的印證。

在「1+4」的歷程中，我親自目睹牧者及導師們尋找並肯定青少年牧養的召命，他們不單心裏喜悅，同時也燃點堂會其他肢體及青少年的生命，為堂會的青少年事工增添新動力。其間也有少數的參與者發現自己的召命，並非青少年牧養，中途轉移到其他崗位事奉，我相信這也是神所喜悅的。

而最令我感動的，是八間堂會的牧者和導師、突破的同工和義工，生命彼此敞開，並向神開放，神喜悅我們歸回，騰出心靈空間，讓聖靈在我們心中，印證從上頭而來的召命。

二、青少年導師的培育 / 李德誠

「1+4」計劃已完結一段時間，惟獨我們關注教會青少年導師培育的心不變。曾與多位青少年導師同行數載，激發我們對導師培育的探索。

某次與幾位參與「1+4」計劃的青少年導師及牧者交流，後來我整理當中內容，嘗試以本文探索青少年導師的孕育及服侍路徑，了解他們堅持的祕訣，辨認有關導師培育的關鍵元素。

一位青少年導師的孕育

每一位青少年導師都有他們孕育成長的故事，一般而言，其歷程都是從青少年時期開始的：

T 年少時經歷助導及導師（中五及大學學生）的培育，包括寫信、電話、送書簽，藉着營會及一同吃飯等，讓他感受上帝的愛。他在中四時開始參與服侍，為團契整理資料，個人潛能得以發揮，並因着一個獎勵計劃，到雲南探訪當地教會。

L 於中二時進入教會，感到開心，且被教會吸引，體會與人的結連；數個月後她決志信主，加入教會。因着教會的鼓勵，她開始建立對舞台的興趣，發揮話劇方面的才能。對她而言，當別人信任及將責任交託她，她完成任務後，得着成功感，並慢慢孕育個人的專長。

B 十六歲時信主。她自我要求甚高，為人偏激；她中學時返教會，只有朋友，沒有導師，身邊亦沒有生命的榜樣。及至她在加拿大念大學參與國際基督徒福音團契，經學長及屬靈長者的教導，開始認真探索信仰，並逐漸在友情中看見人的美善。

I 中五信主，加入教會，在崇拜及團契中被牧養，特別喜歡貼近生活的講道信息。

Y 中五信主，在不同階段中，感受到導師（成熟的執事、組長）的關心，感到幸福。

這些弟兄姊妹均曾經歷牧者、導師及助導的關心、同行、教導、培育及牧養，以致他們得着成長。他們經歷上主的恩典，以致他們願意參與服侍，回報主恩。具體而言，他們在參與教會的歷程中得着培訓、裝備及肯定，亦成為他們投身服侍的助力。另一方面，導師的生命榜樣亦鼓勵他們立志委身作青少年的導師。

青少年導師服侍的路徑及體會

從信主、加入教會之後，青少年轉變成為青少年導師的路徑，是有迹可尋的，而當中的體會歷程，更是對他們能否持續服侍，有着關鍵性的影響：

T 的中五會考成績不大理想，需要重讀。那時，他開始作助導，跟隨其他助導及導師的榜樣學習。中七之後，他未能考上大學，出外工作，人變得成熟起來，更懂得表達自己。他曾在其他機構參與青少年工作，之後分別在不同的大學念社工課程。這樣的經歷及裝備，讓他更懂得服侍青少年。

L 委身教會的服侍，用上很多時間（一星期七天也在教會），負責活動時，很早便回教會打掃及預備場地。在服侍的過程中，她與人真誠地交往，她覺得是神的帶領，感到有很大的滿足感。另一方面，由於她自己也是年輕人，不懂得處理青少年問題，覺得很困難。每當念初中的少年人犯錯，她及其他助導常常只會責罵，容易傷害對方。當她所關心的小羊堅持在不適當的時候拍拖，甚至因而離開教會時，她會很傷心。到了她念大學時，時間作息甚為混亂；在服侍青少年的過程中，亦去得太盡，於在讀書和做導師二者很難作出平衡。

B 起初服侍邊青，定期往粉嶺女童院服侍，長達七年，每星期更以兩小時協助更新會同工。服侍的過程中沒有什麼特別的程序，主要是建立關係，持續關心；然而，對於那裏的院童，她是很難跟進的。她發現自己喜歡踏出教會，進入社會。後來她的工作，主要是服侍邊青及關懷愛滋病患者。在參與教會時，她主要是藉着音樂營接觸青少年。她在教會中與青少年一同生活，貼身同行，全家服侍。其間她看見神的帶領：有開門的時候，也有關門的時候。

I 在大學畢業後，開始參與做導師；之後他在青少年主日講道中，聽到上帝呼召他服侍青少年。他憐憫他們，重視與青少年的關係，以真情待他們，很少動氣及罵他們。對於青少年的行為，他的原則底線就是他們不傷人不害己。他委身服侍，欣賞他們真我的流露，常常在他們身上看見上帝堅韌的愛。服侍難免有衝擊及挑戰，他卻藉此反省及依靠神，進而在主裏面慢慢成長。另一方面，他總覺得教會與社會脱節，亦不斷反思教會在青少年工作的銜接。

Y 信主後，很快地便被訓練作組長、教主日學、參與三福訓練等。那時的他很有追求的心志，願意成長。他作導師時，全天候關心青少年，致力作他們的榜樣。事實上，他在高中時已回應牧師的呼召，願意獻身全時間服侍。

M 在 1999 年已開始回應上帝的呼召，服侍青少年。他服侍的心志強烈，且非常享受服侍青少年。

對於這些導師而言，除了先行者的鼓勵及榜樣外，適切的培訓實在能夠幫助他們投入服侍。

年輕導師往往一腔熱誠卻欠缺經驗，遇難即退。若他們有教會、院校提供的培訓，或是相關的工作經驗，他們會較容易面對。

説到底，如果他們確信這是上帝給予他們個人的召命，會深信上帝定必賜下合宜的素質，並在他們的服侍歷程中，辨認出上帝的作為，讓他們不單享受服侍年輕人，並且可以堅持恆久地服侍。

導師不死傳説

「不死」的意思，在這裏是指青少年導師在服侍當中，無論順逆，仍然有心有力。作為青少年導師，能夠長期有着服侍的心志、生命的活力、對青少年的關愛及耐性，究竟有何祕訣呢？

對 T 而言，他想像若自己離開青少年導師的崗位，惟一的原因，就是生活太忙，不能兼顧。事實上，因着他對青少年的愛，才使他繼續服侍。在與青少年同行的歷程中，他體會心中的感動，覺得他和青少年是彼此需要的。

神藉 2008 年青年營的靈修，向他説話——「不用擔心」，他願意順服神，繼續目前的服侍。因着外父在 2009 年離世，他開始計劃培養助導接棒。

L 覺得自己適合服侍青少年，被神所使用，具有果效；服侍的過程中，她亦重視與青少年的雙向關係。長遠而言，她會考慮服侍的承傳。

因着上帝的呼召，M 從 1999 年開始服侍青少年；除非上帝另有呼召，他從沒有想過什麼時候會停止服侍。

由於上帝的呼召，幾位導師均提及不輕易放下已委身的服侍。此外，上帝話語的鼓勵、對青少年的愛、個人的特質與服侍的配合、在服侍過程中與青少年的互動、彼此豐富的關係，亦是導師持續得力的原因。

綜合各人的經驗及意見，培育青少年導師，有以下的重要因素：

1. 呼召與恩賜

首先，青少年導師的培育，並非單從需要開始，乃是從召命開始。導師首先看見從神而來的異象，確認是神對自己的呼召，願意選擇委身，愛上帝的事工、愛青少年比愛自己更多。

明顯而言，這呼召是建基於神在導師身上所賜下的恩賜。在確認導師的呼召後，教會需要按恩賜提供訓練，安排與導師的氣質相配的崗位，亦儘量讓導師的恩賜及才能得以發揮。

2. 態度與素質

基於生命影響生命的原則，導師的培育包括態度與素質。導師們需要對青少年有為父、為母的心，在服侍上全然認同及承擔，並孕育作導師重要的素質，如信心、盼望、關愛、耐性、堅忍、同苦、果敢、真誠、敬虔等。關於這方面，成年人及青少年一起參與的跨代隊工，是很重要的。

至於與青少年相處方面，更要持開放的態度，願意與他們建立雙向的關係，確信這是生命交流、彼此豐富的互動歷程；並且致力與青少年一同辨認他們從神而來的強處及夢想，並靠着神的恩典，坦誠面對內心幽暗及罪性的角落。

3. 個人的自處

為着可以持久地服侍，導師務要重視自己的生命，學習善待自己。由於工作、家庭、服侍等的需要，容易使人耗盡，導師要安排休息空間，工作要平衡，學習安靜，也學習撰寫札記，藉以檢視生命及自我調整。此外，定期讀經、默想及閱讀，是保持生命更新的重要元素。

4. 支援系統

導師也是人，在培育人之餘，他們更要有生命支援的系統。首先，教會羣體對導師要加以欣賞、信任和肯定，讓他們樂於參與服侍。其次就是要鼓勵他們連結身邊的人，如父母、配偶、子女、朋友、弟兄姊妹等，作為他們生命的守望者。

無論這些導師有多成熟，他們也需要服侍的同行者，包括同心的隊工及夥伴，或是提供牧養的牧者，或是屬靈長者。

5. 成效及承傳

個人的委身固然重要，最終還要看服侍的成效，就是青少年在主裏的成長。生命成長是聖靈的工作；我們所作的，主要是見證神的作為——謙卑依靠主、辨認主的心意及作為、感謝讚頌主的心，都是不可或缺的。有怎樣的師傅，才會教出怎樣的徒弟；服侍要有成效，導師要聆聽神的說話，經歷神的更新及塑造，領受神的能力及恩典，方配得被祂使用，成為祝福青少年的器皿。

最後，導師培育的長遠目標及視野，就是培育主的門徒，能夠承傳青少年服侍的異象，孕育新一代的青少年導師隊工。這就是為何很多教會要致力培訓中學及大專生作助導的原因。

三、生命的歸回 / 王慧玲

歸回的呼召

《聖經》中拿俄米與路得的故事，是上帝在2006年初，印在我心房的經文，祂呼召我進入新的事奉階段，脱離過往多年牧養青少年的固有角色，學習全然委身，承擔生命師傅的牧養職分。在香港，師傅這個詞語，這幾年間已被濫用，現代人的目光，有時只看重個人生命的建立、技巧及知識的提升，這都是合理不過，但卻忽略了師徒關係在整個基督身體的重要性，以及在上帝國度所扮演的位置。

神聖的約定

曾幾何時，我們也輕易地以為，自己可以成為別人的師傅，或別人成為我的門徒，但在認定此關係前，卻沒有認真祈禱、尋問及等候，當自己委身後，又因各種原因而輕率地放下不做。我們忘記了忠心跟從、謙卑順服及真誠彼此服侍，這些都是師徒關係所彰顯出來的美好素質，都是上帝喜悦的；就如摩西與約書亞、以利亞與以利沙、保羅與提摩太等都是如此。在上帝眼中，師徒關係都是神聖的約定（divine appointment），背後有着上帝的呼召和揀選，為要成就祂在各人生命中最美好的計劃。所以，約書亞在摩西死後，能承接牧養以色列人的職分，以利沙成為新一代先知，比以利亞所作的神蹟，有雙倍之多，而提摩太亦擔任教導一職。凡合上帝心意的師徒關係，最終都能帶人進到完全的命定（destiny）。

〈路得記〉的故事結尾鼓勵我們，正因拿俄米對路得一直的教導，和路得對拿俄米的忠心跟從，上帝使他們彼此成就對方的召命。我們作師傅的，常以為徒弟是因自己而得到祝福，卻有沒有想過，個人的召命同時亦需要由徒弟來成全。〈路得記〉四章十三節提到路得與波阿斯生了一個兒子，而四章十六節説：「拿俄米就把孩子抱在懷中，作他的養母。」這便知道，上帝使他們兩人昔日失去的，今天復得，拿俄米的名字不再稱為瑪拉（苦的意思），乃是甜的；而路得做夢也想不到，他得着的兒子俄備得，原來是主耶穌的先祖，救恩最後從她的家族而出，這是何等的榮耀！你有沒有想過，師徒關係可以為上帝的國，編織不一樣的夢？

世代的挑戰

1. 牧羊人的欠缺

可能大家和我想法一樣，內心都曾有這樣的疑問：是否每個人都需要生命師傅？是否人的一生早晚會遇上合適的師傅，也就是他的屬靈父母親？確實，沒有牧羊人的迷羊，遍野都是，但願意執起牧羊人的杖，卻少得令我們向現實低頭。很多教牧人員或許曾這樣想過，如弟兄姊妹願意承擔每星期兩小時的主日學或團契、小組教導，已算是最大的恩典，又怎能冀盼他們在忙碌中，再承擔更多的關顧及跟進。其實兩小時牧養是好的，只是不足夠，作個別聚會的導師也是好的，只是羊羣需要的不單是導師，而是屬靈父母親。羊羣面對真正的戰場，並非在教會的四面牆壁內，乃是有血有肉的生活，所以師傅需要在生活中與徒弟同行。我們愈是向現實低頭，最終只會令我們跌進循環死局。正因妥協，怕被呼召成為牧養的，沒有完全領受及回應，最後只被世界的忙碌吞噬，無緣進到上帝所預備豐盛的產業。同時，這一代沒有適當地被牧養，將來他們也難以牧養下一代，惟有當我們在今天所牧養的青少年，能預見未來新一代的面孔，牧養的異象才得以延續下去。

2. 委身與權柄

坦白說，要回應上帝的呼召，對我來說，很有難度。重新跳進雙方彼此認定的師徒關係，其實是表明着一個新層次的相交，一個進深的契合。過往我可以選擇性回覆組員的電話或提問，事工以外的課題，亦可按個人空間及喜好來回應，可說合情合理。但你必定明白，一位老師對待教室的學生，與對待子女，必定不同，回家後並沒有設限上班時間，孩子的提問及需要，總會牽着自己的心，作屬靈父母親亦是如此。

是什麼驅使我放下疑慮，昂然踏上服侍之路？過去數年的機構服侍，讓我思考了很多。機構與教會不同之處，在於我們與組員的關係建立，不用細水長流，相反地，比較像游擊隊運作的那樣。我們多以事工作為招聚弟兄姊妹的平台，導師與組員的關係，多環繞對內訓練及對外服侍為主。雖然在訓練過程中，必然觸及組員的生命及較私隱的一面，但彼此委身的程度，仍限於課程所設的範疇。自問對他們的權柄及管教，在脱離營會服侍以後，便發生不了太大效力。過去數年的牧養生涯，我多次看到無數委身的義工，曾盡力在營會中服侍，擺上他們至忠至誠的事奉，上山時帶着儆醒，把自己分別為聖，好作服侍。但下山後，回到混雜世俗的城市，一個又一個再跌回罪的捆綁裏。我相信以上弟兄姊妹的光景，也是教會同樣要關注的。他們帶着掙扎的眼淚，給我很多反思。我們努力一起學習、裝備及事奉，豈不是為了渴望更多生命復興？但只是服侍，是不會使人成聖，事工亦不一定能使人生命更新，真正的心意更新而變化，乃是人內心徹底的降服，以致我們悔改、離罪及歸回。沒有人會反對，罪的總綱是人心的驕傲和悖逆，亦是我們一生要治死自我歷程中，最大且最根本的敵人。

我們作屬靈長輩的，自然很想教導青年人放下悖逆，學習降服。但教導的關鍵之處，乃是權柄。老師在學校和教室內，對待學生有其法定的教導權柄，但離開了學校場景，有關權柄的效力，就要受很多因素的影響。我常常思考，青少年在什麼時候，會願意服在權柄下學習順服？我想除了有形的架構，賦予崗位上的權柄運作外，奧祕在於愛和委身。路得能義無反顧地跟從拿俄米，放下自己的再婚機會，離開熟悉的家鄉遷到異地，以及遵行拿俄米一切吩咐，我深信在於她過往與拿俄米相處的日子裏，真實地體會拿俄米對自己毫無保留的愛和關切，以至她願意完全服從拿俄米的權柄。我們常以為得着權柄，就是得着權力和權利，使對方服在自己的管轄和控制之下，成就自己的心意；其實，上帝設立權柄，並非壓制祂的子民，祂真正崇高的目的，是要使人們得自由。讓我再説一次，權柄的設立是為了釋放我們脱離悖逆所帶來的轄制，為要進入自由和豐盛。

再次回顧自身的經歷，我們何嘗不是深深體會主耶穌對自己的愛與委身後，因而驅使我們放下自己的意願，順服跟從祂的旨意！上帝對我發出挑戰，並非是牧養中我能擁有多少權柄，而是我對祂所愛的青少年，有多少的委身和愛。愛愈多，委身愈大，你對青少年管教的權柄就有多大。

3. 後現代文化衝擊

活在 21 世紀後現代文化之中，青少年面對的挑戰，相對於上一代尤其多，與其責怪他們，不如慨歎每天氾濫和充塞着他們生活的，皆是形形式式光怪陸離、顛覆及扭曲基督信仰的媒體信息。這些信息，鼓吹所謂的價值中立、多元主義、混合主義，説穿了，都只是撒但惟一高舉的口號：只管順從個人肉體和眼目的情慾。在撒但的裝飾之下，反叛被包裝為帥氣的表現；自我被吹捧為生活的一種態度。按感覺而行，更被理解為惟一真理，極度個人主義，已成為攔阻青少年進入羣體，以及親密關係的最大武器。在如此文化處境孕育的青少年，他們行事作息，已習慣只從自身的利益出發，難以理解他人需要，亦拒絕委身長期關係，承擔責任更成為沉重包袱。無法與他人和世界結連的人，最終只會讓自己扮演被動、旁觀者和抽離局外人的角色，致使心靈長期跌進隔絕和孤立的空洞裏，需要倚靠各種外在行為來彌補內心欠缺，這亦解釋了：為何香港青少年總被形形式式的沉溺行為擄去，教導青少年學習委身關係，其實比任何功課來得重要。

主耶穌道成肉身，住在我們中間，就是師徒關係的親身演繹，和委身關係最好的典範。祂在地上服侍三年，真誠、沒有隱蔽地，與十二位門徒一同生活作息。〈馬可福音〉三章十四至十五節提到：「他就設立十二個人，要他們常和自己同在，也要差他們去傳道，並給他們權柄趕鬼。」「常和自己同在」代表了主耶穌對門徒的委身，而「同在」則表現雙方彼此的認定，設立和差遣就表明這段委身關係所帶來的結果；不單停留於個人享受的滿足，而是要帶領上帝子民委身於上帝的國度。主耶穌與門徒一起走過的日子，縱然只是三年餘的年日，但留下的烙印卻是如此深刻，成為他們日後委身於大使命和牧養教會羣羊的重要基礎。一段良好的師徒關係，既能讓青少年接受屬靈父母無條件委身的愛，在深入關係裏體會親密、信任和被接納；最重要的，是從師傅的身教，體會承擔責任的可貴，學習將來委身在別人的生命，這亦是幫助青少年逐步突破個人主義牢籠的最佳方法。

4. 接受管教的祝福

以上提及的後現代思維，大大衝擊我們的意識形態，難道我們相信已歸向基督的青少年便會倖免嗎？活在埃及為奴 400 多年的以色列人，即使被上帝從法老手中拯救出來，過紅海只是他們與上帝的蜜月期，畢竟其心思意念，還殘留着過去多年被外邦世界薰陶的各種毒素。上帝花了 40 年，陪着以色列人走在曠野路上，藉着摩西以屬靈父親的身分，執起管教權杖，為要治死以色列人悖逆的根。這段旅程漫長又艱辛，卻為以色列人打好屬靈根基，預備進入神所賜予的應許之地，裝備他們為得地為業與敵人爭戰。

同樣地，要帶領青少年進到神所賜予的應許之地前，他們的生命必要經歷煉淨，除去悖逆，學懂跟從，接受管教，有足夠的成熟度面對屬靈爭戰，才能領受更豐盛的產業。所以，協助青少年學習順服，其實是牧養中一個重要的範疇。一個不懂得跟從及順服權柄的青少年，生命只會像一匹脫了韁的野馬，任意而行，就像昔日士師時代的以色列人一樣。即使有多少豪情動力，亦會因為沒有主人的帶領，亂衝亂撞，虛耗精力之餘，且傷人累己。

5. 孤兒的世代

即使今天有很多青少年歸向基督，心仍過着飄流的日子，這令我想起「屬靈孤兒」這個名詞。他們不認識天父的屬性，不認定自己擁有天國兒女的尊貴身分，故此無法進到屬靈的家，領受遮蓋及保護，當然亦難以接受屬靈長輩的管教。孤兒心態是貧乏、孤立、漂流及自我棄絕，由於身分不確定，最終攔阻了上帝賜予各種屬地和屬天的應許。

我想起我一個屬靈兒子，自小成長於具黑社會背景的家庭，中三那年，父母為了避債，雙雙逃往大陸，只留下他獨自生活，由起居飲食到學業，皆由他獨自承擔，父母每月只返港一次，與他見面。孤兒的心態，已牢牢地在他的心底扎根，由於已習慣沒有成人管教，他過慣了沒有紀律的生活，而且不用向任何人交代，悖逆的性格早已種在他心思中。我們慨歎沒有父母親的孩子，他們失掉的，不單是一個溫暖的家，更重要的，是失去了在成長中，要學習接受管教的寶貴時機。拒絕接受地上父母或長輩管教的青少年，很多時候，同樣輕看，甚或拒絕天父的管教，他們不明白，其實管教是莫大的福氣，是代表自己屬於天父兒女的身分，如〈希伯來書〉十二章五至六節所説：「我兒，你不可輕看主的管教，被責備的時候也不可灰心；因為主所愛的，他必管教，又鞭打凡所收納的兒子。」

這是一個沒有父母親的世代，父母離異和家庭解體，致使眾多孩子在成長過程中，很早已落入孤兒的咒詛，他們極須重新得着屬靈父母親的遮蓋、保護及管教，指引他們脱離血氣敗壞的舊我，學習歸回天父的懷抱，成為兒子的樣式，因為惟有成為兒子，才能領受產業。

重新的對焦

在以往牧養多年的青少年身上，我發現最能接近他們的時候，是他們面對一些明顯的問題、困擾或需要，我由此介入，給予扶助和意見。然而日子久了，觀察到一個現象，就是現實的生活問題，可以是一個接一個，永無止境；今天或是學習困難，明天或是情緒問題，後天或是拍拖困擾。假如只將焦點放在如何解決問題，我感到有點疲乏，若重新校正焦點，原來眾多問題的根源，都是人活在重複的轄制之中，背後呈現不同的罪性，從而延伸到生活的不同範疇，出現張力和不協調。為何人會跌進這種重複的轄制裏？這猶如以色列人在曠野走了 40 年，一次又一次觸怒上帝，他們的不信及不順服，一次比一次嚴重，只因他們忘記出埃及最重要的目的，不是要脱離法老欺壓的魔爪，乃是要進到迦南美地，這才是上帝為他們預備最美好的旨意。每當以色列人的目光對焦錯誤，他們便會留戀昔日在埃及的生活，而這種留戀，會蒙蔽人，使人從而做出更多悖逆的行為。以色列人曾這樣説：「巴不得我們早死在埃及地、耶和華的手下；那時我們生在肉鍋旁邊，吃得飽足。你們將我們領出來，到這曠野，是要叫這全會眾都餓死啊！」（出十六 3）正正因為目光失焦，人內心的自憐、灰心、憤怒及對上帝的不信和埋怨，亦會一併地跑出來。

現今很多青少年信徒面對的問題，其中很大部分，是他們未能捉緊「出埃及」的最終目的，就是竭力進入神為他們預備的命定。抓不緊結局，生命的優先次序便給打亂；不合上帝心意的生活次序，只會帶來混亂，虛耗時間及心力，代價一點也不少。

尋找命定，優先於解決問題？

我有一位屬靈兒子，多年來被情慾捆綁，接受過輔導，參加過不同的醫治及釋放心魔的課程，雖然情況比之前穩定，但偶爾仍受這方面的攻擊。兩年前，我邀請他與我的屬靈父親見面。當時他內心懷着莫大的恐懼及擔憂，一方面他很想得着指引去戰勝心裏情慾的困擾；另一方面，又為自己感到極度羞恥，自責的控訴常從內心發出：「看看你自己，根本就有問題，才要人約見！」心想這次會面，又要在人面前，找自己的問題出來量度，「我有問題」成為他肩頭沉重的壓力。誰知，當我們坐下，這位滿有憐憫的父親，聽罷他所述的期望後，沒有一句說話觸及他的情慾困擾，相反地，他帶領這孩子歸回，學習尋找上帝為他預備的計劃，辨認上帝在其生命中所作過的工，帶來怎樣的軌迹，從而捉緊祂的信實和應許，教導他以順服及實踐上帝話語為生命的根基。當生命的秩序，回到上帝所喜悅的次序，情慾的挑引即使再來，人自然懂得怎樣選擇和回應。因為當人知道前面有更美好的應許，一切從撒但而來的虛假引誘，亦會頓然失色，沒有任何吸引之處。「沒有異象，民就放肆。」上帝給每個少年人的異象，是推動生命全力前進的火車頭，鼓動我們放下世界纏累，奔向更高的意義和價值。

我的孩子終於抬起頭來，眼睛放亮，他眼中看到的，不再是羞恥、無奈及自責，而是上帝給他重新的盼望，他不再獨力對付一連串的問題，而是學習依靠神，學習選擇上好福分；選擇降服上帝，讓祂帶領，進到應許之地，相反地，選擇悖逆，則只會讓自己漂留曠野，以色列人如此，我們亦會如是。感謝神！回顧過去兩年，這孩子的生命愈來愈穩定，情慾的挑戰亦大大減少。神把他提升到更高的位置，讓他有份於上帝的國度，處身於服侍青少年的位置。因着目光再次對焦，生命可以活得更有盼望及動力。

歸回的選擇

歸回是〈路得記〉的重要主題，是述說拿俄米和路得尋找命定的故事。有趣地數算一下，「回歸」、「回」及「回去」這些字，在第一章已出現 11 次。十年前，因着伯利恆的一次飢荒，拿俄米的丈夫以利米勒帶着家人遷到摩押，摩押的名字是「肉體」的意思，肉體也代表血氣。一家人沒有尋問上帝，行在血氣的決定，結果承受的代價甚為巨大，家中三個男子先後死亡，最後拿俄米及兩名媳婦亦陷入沒有任何庇護、孤兒寡婦的景況，甚是淒涼。但當她們起身，從摩押地歸回，回到屬神的地方猶大伯利恆，經文所說，正是「動手割大麥的時候。」（得一 22）

少年人尚未認識主時，生命也像住在屬靈的「摩押」地，行在肉體和血氣的敗壞之中，結局只有死亡，與上帝完全隔絕，離開應許之地亦甚遠；如拿俄米和路得，沒有保護，沒有餵養，極其貧乏。上帝呼召她們歸回，重回應許與豐盛之地，並贖回一切從前失去的。

2006 年初，我重新領受從上帝而來有關牧養的呼召，學習成為青少年的生命師傅，以屬靈母親的身分，與上帝量給我的門徒同行。不單是他們的生命學習歸回天父的懷抱，我同樣要歸回，離開以事工為本的牧養框架，踏進我的命定，領受神所賜給我的屬靈後裔。

作師傅的責任

1. 幫助青少年活出名字背後的意義

我們常說要尋找召命，人若願意尋找，是因為感到內心有不足及欠缺，也相信有更美好的在前。在〈路得記〉裏，拿俄米和路得歸回：「因為她在摩押地聽見耶和華眷顧自己的百姓，賜糧食與他們。」（得一 6）一個內心呼喚，驅使拿俄米決定歸回，回到與神同在的地方猶大伯利恆，伯利恆原文的意思，正是麵包之城，代表神的供應。拿俄米和路得「兩師徒」一同踏進神所賜的美好計劃，最後她們得着的豐盛，大大地超越起初動身時的所想，最初所想，或許只是麵包，但耶和華卻贖回她們尊貴的身分，除掉她們的貧窮，並且賜下產業和後裔，上帝為青少年預備的，也是如此豐盛。

拿俄米的名字，本是甜的意思，但丈夫及兒子先後離世，她詛咒自己：「不要叫我拿俄米，要叫我瑪拉，因為全能者使我受了大苦。」（得一 20）瑪拉的意思是苦。上帝給拿俄米的生命本是甜美，但她卻埋怨地說：「耶和華降禍與我；全能者使我受苦。既是這樣，你們為何還叫我拿俄米呢？」（得一 21）此外，路得的名字是同伴，與人結伴的意思，但丈夫死去，使她失去伴侶，失去依靠。最終她們選擇歸回，在上帝所定的時間，她進到合適的田地，遇上波阿斯，最後兩人共諧連理，使他們得着後裔，旁人羨慕地對拿俄米說：「耶和華是應當稱頌的！因為今日沒有撇下你，使你無至近的親屬。」（得四 14）賢德婦人路得亦得着她的伴侶，不至孤寡。上帝甚願我們活出名字背後的真義，彰顯祂的美善。

我有一個屬靈女兒，父親是牧師，他給女兒一個很美的名字：以斯帖（Esther），但 Esther 的成長，一直都不快樂，常有強烈的恐懼感佔據內心。她害怕進入羣體，討厭別人的眼光落在自己身上，她常有一種比下去、一無是處的不足感。本來上帝已將很豐富的領袖素質放在她的生命中，她還有很高的表演天分、流暢的表達能力和優美的歌聲等，但無奈地，恐懼的心一直成為她突破生命的最大攔阻。記得有一次，她被安排擔任司儀，她的能力勝任有餘，但那份強烈的恐懼感，仍狠狠地把她迫到牆角，最後一場嚎哭，她才得到片刻舒緩。後來，她轉往其他教會，逃離那些看着她成長的熟悉目光，以為這樣，便可以開展新的一頁，誰不知，數年來也未有太大進展。她仍然活得像一個屬靈孤兒，感覺漂流，難以全程投入上帝的家和教會羣體！ Esther 這個名字，對她來說，只是一個英文名字，她無法想像上帝視她如皇后般的尊貴，也難以相信上帝的國度有她的一席位。

2006 年底，她切切地祈禱，定意選擇歸回，上帝讓我們在 2007 年初再度相遇。經過禱告印證後，她成為我的門徒，我亦成為她的屬靈母親。奇妙旅程正式展開，上帝在她生命動工的季節已到了。你相信嗎？假如我們能配合上帝的季節，收成便會有倍增之多。上帝工作確實很快速，連我們也感驚訝！我還記得 2007 年初為她所作的首個代禱，她號啕大哭，要倚在我肩頭，當時我有點措手不及。上帝藉着我向她說出安慰、造就和勸勉的說話，鼓勵她要捉緊上帝給她的身分和名字，原來以斯帖的呼召，早已放在她的心中，只是連串扭曲的價值觀，讓她失落了這個寶貝的名分。上帝同時逐步向她揭示恐懼的根源，就是撒但偷偷地把恐懼放進她的心裏。由於天父已開宗明義地告訴她，有一個更美好的命定在前頭，所以她不再逃避，渴望進入神所命定的生命中，這推動她積極地和主動地與聖靈同工。從那時起，她每天清晨起來靈修，透過神的話語，重新尋回自己屬天的身分。

因着主耶穌的親自觸摸，撫平過往成長的傷口，她開始深深體會恩典的真義。過往，她常常帶着恐懼來到創造天地萬物主的跟前，以為只有做得好的時候，才配得天父的愛和恩典。這種作僕人的信仰心態，無疑只會令人乏力和恐懼，如〈羅馬書〉八章十五節：「你們所受的，不是奴僕的心，仍舊害怕；所受的，乃是兒子的心，因此我們呼叫：『阿爸！父！』」上帝讓她放下乏力和自救，學習進入真正的安息，享受作女兒的珍貴，正如身為外邦人的路得，當她進入波阿斯的田地，她立時得着耶和華的保護，上帝視她為尊貴的女兒，這從波阿斯的一句說話便可知道。「願耶和華照你所行的賞賜你。你來投靠耶和華以色列神的翅膀下，願你滿得他的賞賜。」（得二 12）

別以為這個道理，是每個基督徒已必然知道和理解的。過往牧養的青少年，我敢說差不多全部人，都須經歷重新確認身分的階段！我們成長的社會，是一個注重爭競、比較和以成就量度個人價值的社會，讚賞往往只與表現成正比，接納和愛的背後，總有計算的代價。在這樣的環境之下成長的孩子，理性上，完全明白自己是天父兒女的身分，但心思行為卻常懷疑忐忑，無法領受那份屬天的尊貴。要讓青年人活出神所賜的美好生命計劃，首要是幫助他們認識自己在上帝國度裏的身分。身分或位分就好像一具指南針，一直引導我們脫離迷失、孤立及被動，繼而走進基督的身體，逐步認清自己在羣體中所扮演的角色，並與其他肢體配搭，經歷合一帶來的豐盛。

Esther 起初在職場感到迷失，常有辭職的意欲，只因晚間仍要持續進修，能改變工作性質的機會不大，她才打消辭職的念頭。於我看來，一個人對所屬公司的投入感不大，皆因未明白上帝的心意來決定去留，我鼓勵她直接尋問天父的心意。幸而她已捉緊自己是天父女兒的身分，在尋問過程中，她存着信心，確信上帝對自己有美好的旨意，亦抱着熱切的期待靜心等候。某天，她興奮地告訴我，她終於得着亮光。過往常被情緒困擾佔據的她，很少關心身邊的人，即使身在職場，面對過千失喪靈魂的禾場，她一向都無動於衷。上帝打開她的屬靈眼睛，彷彿進到波阿斯田地，莊稼已熟，看到隨手可拾取的麥穗。恰巧的是，從那時起，一個又一個曾在過往信主，到了今天已迷失信仰的信徒，陸續出現眼前，她也不明所以，為何他們總愛主動向自己分享心底話，而熱切牧養的心就這樣持續地被攪動着，及至她發現，每當為公司同事代求，眼淚就不止住地流出，她才深切體會到，這是從上帝而來的呼召。

她跑來請我為她祝福，雖然懼怕，但最終仍在掙扎中選擇回應。過了不久，隨着神的感動，她在公司開始了每星期一次的禱告祭壇，為公司的復興代求。她清楚的認定，要牧養的同時，必須擔起祭司的身分，為公司及同事守望代求。

轉眼已走過九個多月的日子，期間經歷的奇妙恩典，可說多而又多，先是上帝預備教會。教會就正正位於公司對面，免費開放房間，讓她和同事作禱告祭壇之用，後來她更被邀請到該教會分享生命更新的見證。由於父親看到她有很大蛻變，亦樂意回應邀請，一家人遂決定定期在家中舉行禱告祭壇。只是最初她的內心面對很大掙扎，一直想逃避在祭壇中承擔帶領的角色，尤其面對作為牧師的父親，她總背負做得不夠好的沉重感。我們再次同心禱告，而上帝鼓勵的說話，仍然直接指向她的召命，就是要捉緊自己所屬祭司的身分。我只想說，當人願意委身在上帝給予的身分時，神蹟也會隨之發生。上帝在 Esther 身上贖回的，不單只是事奉上的崗位，當她勇敢地在父親面前，活出祭司（以斯帖）的名字，她同時亦經歷前所未有的釋放、自由和自主。過往多年對父親亦遠亦近的疏離感和恐懼感，頓時一掃而空，今天不單歸回天父的懷抱，她同時也歸回地上父親的懷裏，得着全然的安息，上帝就是定意為她贖回屬地兒女的尊貴身分。只要當生命的秩序陸續返回原位，青年人就像踏上路軌的一道列車，順暢前行，進入豐盛之旅。

2. 幫助青少年進入豐盛

我們常以為，倚仗自己的努力，便可以使生命得着豐盛，但真正的救恩是白白的恩典。在此我沒有否認人要付出努力和代價的重要性。路得也一直忠心及委身於服侍拿俄米，所以波阿斯對路得的恩寵也是有迹可尋，他這樣稱讚路得：「自從你丈夫死後，凡你向婆婆所行的，並你離開父母和本地，到素不認識的民中，這些事人全都告訴我了。」（得二 11）路得是一個勤力及主動的賢德婦人，但她盡心歇力跟隨拿俄米，得到這位師傅的保護指教，以致她一切所作的，並非隨意和無定向，蒙恩寵和得着豐盛之先，必須蒙上帝的帶領及遵行上帝的旨意，以致我們的努力不至白費。「拿俄米說：『女兒啊，你只管去。』」（得二 2）不要輕看這句說話，路得是得到屬靈母親拿俄米的允許，在田間拾取麥穗。帶着祝福出去的兒女是大大蒙福的，經文說：「她恰巧到了以利米勒本族的人波阿斯那塊田裏。」（得二 3）為何我說展開豐盛之旅，是關乎恩典而非人單單的努力？「巧合」的背後，其實是上帝刻意的揀選及安排。上帝為路得預備了供應的源頭，不需要她四圍張羅，在合適的田地遇上合適的人，萬事俱備，路得只需欣然接受，這就是蒙恩寵的意思。

對於 Esther 來說 ，豐盛是自她歸回後，深深領受到的。過往她容讓恐懼成為她與人、羣體及世界隔絕的最好理由，她呈現極度自我的一面，對別人的事難以投入關心，但上帝與我們重建關係，為的是要廢除隔膜，帶來真正的復和。自從開始做家庭祭壇，Esther 與父親的關係，有着明顯的改善。我們鼓勵她不再逃避，學習開放地與父親對話，分享自己在生活、工作和學業上的掙扎，並在信仰上，分享上帝模造她生命的足迹。當兩父女的心靈窗戶互相敞開，Esther 的內心充滿親密、和諧和穩妥，她逐漸進入安息的懷抱，再次從父親多年的屬靈智慧得到充足的孕育，心靈常飽甘甜。同時，她亦走進父親的內心世界，細心聆聽他在牧養歷程的重擔及困難，為他獻上流淚的代求。一個人能夠脱離自我，投入別人的世界，承擔別人的憂和傷，其實是獲得最大的祝福，生命顯得至為豐盛。上帝與我們同行，就是讓我們重建與人同行的珍貴。

以往 Esther 害怕進入羣體，因為與人的距離太近，就意味着要顯露真我，真我除了有美善，同時亦包含自己的需要、對別人的期望、個人軟弱和幽暗的一面。如要突破這些境況，必須捉緊天父兒女的尊貴身分，重新加入上帝所賜的羣體，在那裏學習接受恩典的禮物，就像路得領受波阿斯和僕人的幫助，是毫無條件的。

後來，Esther 寫了一封很長的反省文章，當中表達了個人在小組停滯不前的看法，其中有針對自己軟弱罪性的反思，亦有對別人的事奉手法不認同等表達。我確切感受到這個女兒對羣體的珍惜和承擔，故此邀請她把信公開給組員分享，藉以打開彼此對話的契機。因為我相信，當大家能夠享受羣體相交所帶來的豐盛之前，實在必須經歷開放、對話、彼此面對對方軟弱和幽暗，同時又能彼此服侍。我們必須承認，我們永遠也有做得不好或不足的時候，但羣體的豐盛之處，就在於我們可給予別人改過的機會，同時亦有被饒恕和接納的空間。Esther 踏出安舒區，學習表裏一致，與他人同行，最終體會真正的自由。

3. 幫助青少年得着屬靈產業

「波阿斯對長老和眾民説：『你們今日作見證，凡屬以利米勒和基連、瑪倫的，我都從拿俄米手中置買了，又娶了瑪倫的妻摩押女子路得為妻，好在死人的產業上存留他的名，免得他的名在本族本鄉滅沒。你們今日可以作見證。』」（得四 9-10）進入命定就是進入上帝所賜的應許之地，得着產業。拿俄米的丈夫和兩個兒子的死，本來意味着她的家族產業後繼無人，因為以色列的文化傳統，遺產只傳給兒子或男性直系親屬，並不傳給妻子。假如路得得不到任何親屬幫助，娶她為妻，她和拿俄米便要孤寡度日，獨自在困境中，度過她們的餘生。但上帝卻奇妙地引領路得往波阿斯田地，讓拿俄米記起波阿斯是其中一個有血緣關係的親屬，當然上帝亦早已預備波阿斯的心，讓他願意承擔親屬的本分：「我實在是你一個至近的親屬，只是還有一個比我更近。你今夜在這裏住宿，明早他若肯為你盡親屬的本分，就由他吧！倘若不肯，我指着永生的耶和華起誓，我必為你盡了本分，你只管躺到天亮。」（得三 12-13）後來兩人結為夫婦，誕下兒子俄備得，家族的產業不致失落，更奇妙的是，上帝所賜的地上產業是連於永恆國度，為要彰顯上帝的旨意及臨在；彌賽亞便是俄備得的後裔，路得想也想不到自己的產業是超越今生，有着永恆的價值。

當我們進入上帝所賜的應許之地，其實是有屬地和屬靈兩個層面。屬地是上帝量給我們的地界，得享地上的美好果實，是有形及可量度的，好像以色列人進入迦南美地，享受地上的流奶與蜜。而屬靈則是我們與上帝的關係，和上帝國度的臨在，這就好比以色列人在外邦中，活出上帝子民的身分，享受着上帝的同在，而上帝對世人的心意和計劃，亦透過以色列國顯明出來。

自從 Esther 在職場定期舉行禱告祭壇，她的呼召也逐漸實踐於生活。雖然起初人數不多，她仍然盡上本分，陪伴這些失落於信仰的信徒，其中一個更被主吸引，主動委身參與禱告祭壇，Esther 隨即展開她人生首次的牧養服侍。她學習做同儕關顧，陪伴一位同事走過人生重要的時刻；如失戀分手的掙扎、重新委身基督的決定。期間的起伏挑戰，逼使 Esther 認真檢視內心的憤怒和無奈，但同時她對這位同事的憐憫與責任心亦與日俱增。半年後，她興奮地告訴我，這位同事終於接受洗禮，正式加入教會，生命有很大的更新，她第一次體會作屬靈母親的喜悅，在浸禮班，她猶如看着自己的女兒得着新生命。因着在基督裏回應牧養的呼召，Esther 亦得着她的屬靈產業。

四、未來青少年智商：普及文化的印記 / 梁永泰

天星碼頭從清拆、抗爭、報章輿論，以至政府將「集體記憶」列入社會發展的議程，普及文化一直扮演了報道、討論、結合意見的平台。香港一小撮年輕人作出主動，挑起其他年輕人對歷史承傳的文化醒覺。

通識教育被政府指定為新高中的必修科目，報章大談「何謂通識？」，教育界羣起爭議，由子女到父母紛紛關注。香港全民忽然通識，有關通識的報章和書籍出版，如雨後春筍，通識成為普及文化。

李安以2006年奧斯卡最佳導演獎《斷背山》的餘威，拍完《色．戒》，描寫漢奸與行弒的女學生的不文戀情。然而，公映時反映兩岸三地不同的放映尺度。在香港，一齣三級電影竟收四千多萬，反映我們的普及文化尺度改變了，因劇情需要，可以有畸戀。然而，本港的教會反應冷淡，遠遠不及《斷背山》的激烈。難道我們的普及文化尺度已經進佔教會？

以上三個例子反映了什麼？原來普及文化的掀動可以多元化，從一小撮的激進青年示威，教育的課程改動，或是一齣電影，就可以塑造香港的城市普及文化和價值取向。但我們有否想過，普及文化的價值轉移，又怎樣塑造我們下一代的思想？他們的智商水平，是由什麼土壤與泥土成分組合而成？

如果普及文化真的影響深遠，塑造我們下一代的思想，我們就要關注普及文化的趨勢。以下是一些趨勢觀察：

由本港中心轉移至大陸和國際軸心

我有機會買了百套大陸過去百年的老電影，除了早期的社會寫實電影，大部分都是「愛國片」，多以戰爭為背景，乏善可陳。

反之，香港由1949年與大陸割離，在電影業上相當蓬勃，包括有武俠片、歷史片、寫實片、警匪片，甚至是風月片，都在主導亞洲及海外華人

的精神生活。

然而，隨着大陸的改革開放，陳凱歌、張藝謀、馮小剛等導演的崛起，拍出農村的矛盾、封建社會的枷鎖、城鄉之差別，和現代中國都市的怪現象等，其故事與藝術性愈來愈高。

隨着亞洲的市場收縮，日本片與韓國片進佔更大的市場，香港電影萎縮求變。

於是，香港電影公司尋求與大陸公司及海外公司合作，想藉此擴大市場，而大陸公司亦希望利用香港的海外經驗與電影語言。外國公司也希望打入亞洲，尤其是中國市場，所以三方面一拍即合。

寫這篇稿時，《投名狀》、《藍莓之夜》在放映、《黃石的孩子》有劇照，處處顯示香港的普及文化尋求大陸和國際市場。而大陸的電影及亞洲的電視，亦進佔了香港的大小銀幕空間。這個趨勢有增無減。

由觀眾至電影製作者

YouTube 的出現，打破了青少年只作觀眾的角色，「巴士阿叔」是網絡短片的經典，連日本首相也利用 YouTube 來作新年問安。美國和伊朗各自提供軍事短片，比較軍艦衝突的事實記錄。

青少年已習慣了有自己的社交網站，現代人的婚喪大事也喜歡創作一個網頁，讓親友可以留言。

這一代的青少年，已習慣了主動交談、拍短片、建立個人化專頁，由被動變為主動。當然，可能因此製造了許多電子垃圾。

由娛樂演變為政治力量

當李察基爾（Richard Gere）在奧斯卡頒發獎項時，聲言要關心西藏人的民主，娛樂本來就要擴展、染上政治色彩。

中國湖南的電視節目《超級女聲》，由網民以手機投票選舉，竟然掀起全國哄動，全中國各省市的年輕人都參與，可見羣眾動員力有多浩大。如果再在電視播放一些關於農村收地、貪官污吏等片段，可能引來叛亂或作反，後果不堪。因此《超級女聲》一度被禁，相類節目從此受了諸多限制。

但禁也禁不來，娛樂是羣眾在高壓和不自由社會之下的必需品，有其政治的爆炸潛力。

走出家庭的隨身電子小寶貝

過去電視和電子遊戲作為青少年的家庭生活中心，繼而是電腦，尤其是網絡遊戲。如今呢？隨身的 iPod，iPhone，NDS 或 PSP，可拍照和上網的手電等，都成了流行的普及文化。不論是音樂、電影或電子遊戲都有其價值取向、內容和表達形式，對塑造下一代的素質，有很大的影響。

當然「內容」是其中的影響，但不要低估其「形式」對青少年的思維影響，例如：即時官能刺激、聲畫十足、誇張的表達手法、互動性、隨身個人化等，對他們日後的學習和生活，都有不可逆轉的影響。

權威絕對性轉移至開放式平台

維基百科（Wikipedia）的出現，打破了過去大英百科全書（*Encyclopedia Britannica*）及其他資訊權威的迷思。原來資訊是可以一起建造，一起指正，一起參與。

因此，有些公司會利用開放式平台，讓全球的人參與決策，帶出商機。試想一想，在這種開放式的普及文化平台長大的孩子，又怎樣可能接受絕對樣式的真理傳授？

從知識傳遞至自學精神

既然知識是開放式的，那麼學習就不單從老師口中傳遞，而是自我尋找真理、自我創造知識、自我撿定一些論據的真謬。

也許這是香港通識教育的精神：自我學習與自我創造。香港能否從百年殖民地的統治和控制（conditioning）改變過來，真的要看下一代的通識精神。

從文字至影像

戰後的一代，是文字薰陶下長大的一代，金庸的武俠小説是許多人的精神食糧，我則是看安徒生童話集。

現今這一代，似乎聰明了許多，可以從影像、音樂、攝影、美術、音響等元素來吸收。但文字呢？是主角抑或配角？是綜合媒體的一部分，抑或是消失了？

我們是否要靠作家于丹，才可以讀《莊子》、《論語》？沒有文字，就沒有精密的思考。影像幫助我們表達自己，但卻可能使人失去思想的深度，尤其是分析能力和批判性思考。

所以，普及文化轉變了，我們的下一代也會隨之而改變。我們選擇各種各類媒介消費，到頭來亦是媒介塑造我們的思維和感覺。怎樣的媒介與普及文化素質，就孕育出怎樣的下一代，似乎孟母三遷的故事沒有改變，改變的是：孟母將孟子遷到學堂以後，卻發現原來在同一條村子，又有豬肉店和拜祭墳墓的生意。與其要不斷搬遷避世，不如教導孩子怎樣選擇好的東西，擇善而固執。這世界永遠有好的東西，縱使是滄海遺珠。

今天我們要培育的，是孩子的眼光、品味和選擇能力，而這些又豈不是由經歷而累積的。我們今天給下一代的，又是怎樣的禾草和珍珠？

3.4.4 附錄一：個案的研習

基督教宣道會廣恩堂文見歡傳道

宣道會廣恩堂簡介

基督教宣道會廣恩堂是基督教宣道會沙田堂的分堂，坐落於沙田小瀝源的香港神託會培基書院。培基書院於 2004 年 9 月開辦，同年 11 月廣恩堂亦開始聚會，廣恩堂與培基書院可説是一起從零開始。當時培基書院只有中一級學生，約 220 人，校長與老師共 17 位，而廣恩堂則約有 100 人聚會，共有兩位牧者。在開校之初，教會辦公室仍在裝修階段，廣恩堂兩位牧者便暫於學校教員室辦工。老師與傳道人一起工作，經常見面問候，好不溫暖。這是筆者在培基書院其中一段甜蜜回憶。培基與廣恩至今仍是互愛互助的合作夥伴。

結連家庭及學校的青少年事工理念

關於堂會與學校之間的合作，許多人最想問的是「如何作？」（How）或「作什麼？」（What），但問「為什麼要如此作？」（Why）的問題也相當重要。例如：「這樣作的原因是什麼？」「是文化因素？」「牧者喜好？」「教會潮流？」「還是存着順服，定睛上帝的帶領？」

上帝不必絕對地出現特殊的帶領，即使透過祂的話語，已向堂會揭示祂自己，堂會可從其中把握事工理念，筆者歸納四大重點：

- 聖子頒下訓練門徒的使命，教會應為使命而存在，而不該為存在而營運。

· 聖靈賜給教會肢體不同的恩賜，使之彼此配搭，教會也應與學校、機構彼此合作，在不同角色上服侍學生及家長。

· 聖父看重信徒的生命，過於信徒在教會內的表現，所以牧者應關心信徒平日的信仰生命，而不單止預備教會的聚會。

· 三一神重視彼此有愛的團契、看重關係。教會應重視青少年與導師的關係、青少年與家庭的關係。

筆者相信三一神彼此的工作是教會事奉的基礎，使「為什麼要如此作？」的問題有了方向。以下逐點簡介：

1. 聖子頒下訓練門徒的使命，教會應為使命而存在，而不該為存在而營運。

2002 年，宣道會沙田堂正因聚會地方不足夠，而四處尋覓擴堂。宣道會沙田堂得到香港神託會的邀請及揀選，在其校內開設分堂，這個機會，或可解決地方不足的問題。當年沙田堂堂主任孫國鈞牧師多次祈禱，求上主引導我們的心，必須為實踐大使命而開設分堂，而不是為解決地方問題而到學校開設分堂。教會應為使命而存在，不應只為了使自己能存在而營運下去。

因此，教會有責任將主耶穌交託給使徒的使命傳揚開去，讓各處未信主的青少年認識上帝，使他們明白，耶穌為他們犧牲而成就救恩，好叫他們信主，讓他們與神建立第一手信仰，繼而接受栽培，重視上帝而遵守主昔日所吩咐門徒的教訓，成為愛主的門徒。正如〈馬太福音〉二十八章十八至二十節所述：「耶穌進前來，對他們說：『天上地下所有的權柄都賜給我了。所以，你們要去，使萬民作我的門徒，奉父、子、聖靈的名給他們施洗。凡我所吩咐你們的，都教訓他們遵守，我就常與你們同在，直到世界的末了。』」

然而，上帝所頒布的使命絕非只是傳福音，這還包括管理大地、治理萬物的使命，這是上帝創造人類時已經給予人的。正如〈創世記〉一章二十八節所述：「神就賜福給他們，又對他們說：『要生養眾多，遍滿地面，治理這地，也要管理海裏的魚、空中的鳥，和地上各樣行動的活物。』」所以教會除了要忠於「訓練門徒」的使命，還要忠於「治理萬物」的使命，教導及鼓勵青少年發掘恩賜及召命，在讀書或將來就業時，以管理大地為方向，不單為人類及地球的利益而進行環保，同時為了上帝的吩咐而作。

現今教會所訓練的門徒，應該也是青少年領袖，有屬靈的成長、渴慕接受栽培，將來也具能力及素質去佈道及訓練他人作門徒，如此，便能生生不息地讓青少年將信仰及使命傳遞下去，實踐〈提摩太後書〉二章二節所言：「你在許多見證人面前聽見我所教訓的，也要交託那忠心能教導別人的人。」

2. 聖靈賜給教會肢體不同的恩賜，使之彼此配搭，教會也應與學校、機構彼此合作，在不同角色上服侍學生及家長。

學校被教會看為牧養、同行的羣體，同時教會被學校看為資源支援的羣體。在服侍學生及家長時，教會不可能自行承擔。因為上帝不單將服侍世人的使命交託教會，也將使命付託給不同的福音機構；教會並非如「萬用刀」般，善於舉辦各類活動或聚會，故此，若教會回應這一代青少年及他們的家長，有效地接觸及牧養他們，必要邀請機構合作。

廣恩堂感激多個支援網絡，包括沙宣母堂、多間福音機構，如突破機構、籃球體育事工、足球體育事工、體育事工聯盟、宣道園、神託會連青網絡……等與學校配合，成為夥伴，牧養學生、家長、教師，並且一同服侍社區。

3. 聖父看重信徒的生命，過於信徒在教會內的表現，所以牧者應關心信徒平日的信仰生命，而不單止預備教會的聚會。

教會教導青少年重視平日的生活，因為上帝也是一位重視生活的上帝。祂沒有輕看信徒在平日生活中，對信仰的實踐。從舊約《聖經》的教導來看，五經的大部分內容，就如列祖的生平、十誡及諸條律例，都環繞生活，人對上帝的順服。先知書的教訓，也勸喻人從罪惡的生活中悔改回轉，甚至上帝斥責人：「作罪孽，又守嚴肅會，我也不能容忍……就是你們多多地祈禱，我也不聽。你們的手都滿了殺人的血。」（賽一 13-15）。而詩歌、智慧書更是生活中的信仰反省。至於新約《聖經》，從福音書至〈啟示錄〉，亦有多處提醒信徒在生活中實踐信仰。確實，信仰是生命，自然是需要在平日「作鹽作光」。

因此廣恩堂不只專注教會聚會，也重視青少年在學校的見證、在家的生活；要重視青少年在學校的信仰生命，牧者便要「進入學生的現場」，在學校中與學生共同生活。

4. 三一神重視彼此有愛的團契、看重關係，教會應重視青少年與導師的關係、青少年與家庭的關係。

三一神在聖父、聖子、聖靈的團契中，顯出祂是三位一體，互有關係性的上帝，也是一位重視關係的上帝。為了與罪人重建關係，父神甚至差遣聖子為人捨命，所以學校或教會的團契、訓練門徒，也應是一個建立關係的過程，正如主耶穌與十二門徒；保羅與提摩太等的關係。

這些門徒訓練，都不單是定時定點的聚會，而是一起生活、生命交流的過程。在此過程中，導師主動開放自己，進入青少年的生活，與青少年一同經歷在不同的處境上，也可與上帝結連、建立關係，讓青少年「觸」到現實生活中，既在教會內，也在教會外的上帝。正如〈以弗所書〉二章十四至十六節所述：「因他使我們和睦，將兩下合而為一，拆毀了中間隔斷的牆；而且以自己的身體廢掉冤仇，就是那記在律法上的規條，為要將兩下藉着自己造成一個新人，如此便成就了和睦。既在十字架上滅了冤仇，便藉這十字架使兩下歸為一體，與神和好了。」

青少年受着家庭、學校、社會及朋輩的影響，其中尤以家庭之影響最為深遠。故此教會的青少年事工，應同時包括青少年的家長。每年廣恩堂都為培基書院的家長設計一系列的「親子工作坊」及「家長講座」，與家長同行，支援家長，增進父母與子女溝通及諒解。除了讓青少年與父母聯繫，也要讓每個家庭與上帝聯繫，建立關係。其運作內容將在下文詳説。

堂校合作系統

教會及學校成立「堂校合作事工小組」，其中成員有堂會牧者、執事代表、學校校長及宗教科老師。事工小組主要是為了實踐使命、訂下每個學年計劃、增強溝通及評估改善之處。而堂校合作事工小組再細分「學生福音工作」及「家長福音工作」。下圖略述其架構：

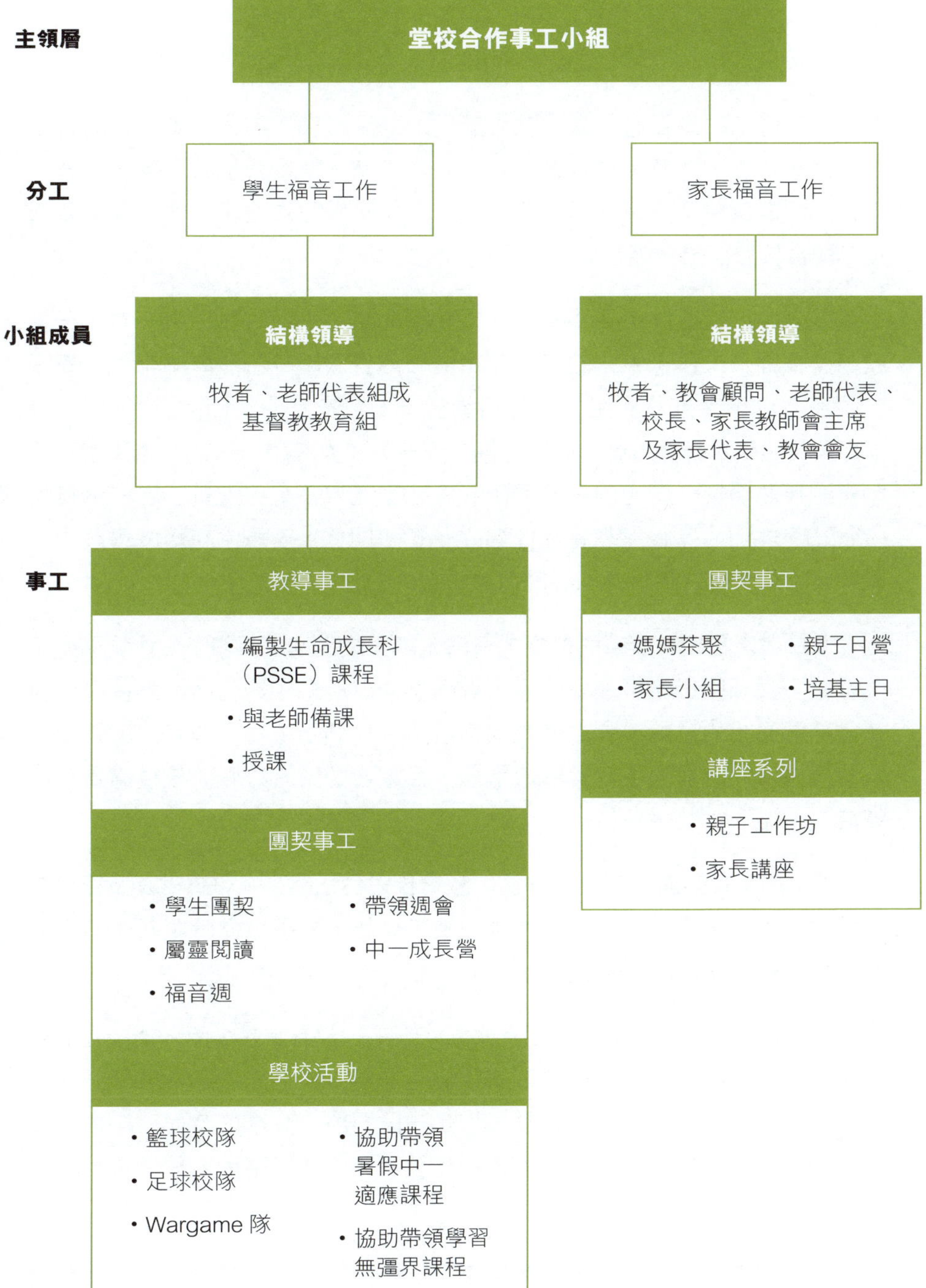

圖 3.5　堂校合作模式圖表

1. 家長福音工作

家長事工的籌委有牧者、教會顧問、老師代表、校長、家長教師會主席及家長代表，以及教會會友，可算人才濟濟！籌委會按時下社會需要、家長反映的訴求及上帝的帶領而設計。全年舉辦數次親子工作坊及家長講座，配合校曆訂出日期及邀請講員。

在 2010 及 2011 年兩個學年，堂校合作事工小組嘗試以中一親子日營啟動家長福音工作。中一親子日營由突破的資深歷奇訓練導師帶領，學校老師及教會事奉人員作組長。每組約五至七個家庭。每節約有 12 組，近 200 人一起參與歷奇活動，好不熱鬧！家長及子女在這一天內，透過歷奇活動體驗彼此關懷、溝通的重要元素，同時認識教會事奉人員及堂校籌辦的「親子工作坊」。家長與教會藉此建立了初步關係，廣恩堂在培基書院內，願意與家長同行六年，共同經歷教養子女的掙扎。

家長講座是較為簡單的聚會，只需邀請家長出席；而親子工作坊則邀請父母與子女一同出席。聚會中家長與子女同時聆聽主題信息，然後有分組時段，子女組的討論，會從他們的角度，以他們為主體作題目；家長組亦是同樣做法。討論過後，會輪流匯報，互相聆聽對方心聲，最後講員作出總結。

每次的家長講座或親子工作坊，教會代表擔任組長，引導家長及學生在小組中討論。當然，一年幾次的講座及工作坊，並不會立時叫親子關係大有進步，教會還有以下跟進行動：

每次親子工作坊完結後的下一個週六下午，都有家長小組，讓家長繼續深入分享各人處境，彼此扶持，而每個月亦有一次名為「媽媽茶聚」的團契，讓不用上班的家庭主婦相聚，也是一段同路人分享的時光。機構在此擔任的角色，便是準備一系列的工作坊及講座內容，確實對教會有很大的幫助。

每年完成一系列的工作坊及講座後，教會都會透過學校向家長派發問卷，收集家長的意見。這些意見，有助家長福音工作籌委會計劃下一個學年的主題。

曾有十數個家庭，因着參加親子工作坊而認識，加入廣恩堂。其中也有幾個受浸，加入主的名下。

2. 學生福音工作

由兩位牧者、七位教師代表組成「基督教教育組」，跟進學生的信仰，亦有負責高中及初中的團契職員，前後各六位，以及每班設有靈命大使。學生福音工作的目標，包括鼓勵學校教師及學生共同承擔信仰使命、栽培信主學生，讓他們在教會內外都能實踐信仰生活、向未信的學生傳福音、引導學生加入教會，屬靈生命得到栽培。除了教師代表必須為熱心基督徒，牧者的穩定性也可確保事工有延續性。

廣恩堂採取「進入現場」的牧養工作，包括三方面：宗教科、課外活動及團契。

宗教科

學校的宗教科，名為生命成長科（Personal Social Spiritual Education，簡稱 PSSE）。此科目是引導學生認識自己、建立人際關係及培育屬靈生命。這是一個校本課程，由牧者與老師共同設計課程內容。初中（中一至中三）全年課程分三部分。首半年會有教科書授課內容，跟着的一個月，有同學小組合作企劃匯報時段，最後時段有《聖經》經文選讀的內容。學生最愛的部分自然是他們有份的企劃匯報，當中經常出現令人驚歎、捧腹大笑的創意。這是將真理帶進學生現場的學生工作，可向全校學生展示基督教信仰，除了堅固信主的學生，也讓未信主的學生接觸基督教的價值觀，縱然現在未能信主，期盼他們將來遇到人生的高低浮沉，也可從昔日所學習的支取力量。

課外活動

我們相信，教會附設於學校，除了是帶領學生返教會外，亦可把真理帶入學生的活動中。其重要性是既可接觸未信主的學生，也可提醒信主的學生在生活層面中活出信仰；就如課外活動也可見證信仰。他們不只是一個生活在教會內兩、三小時的信徒。過去五年，牧者主要在籃球隊、足球隊及鎗戰隊中擔任隊牧工作，藉此傳揚信仰價值。

在帶領球隊時，教練的角色十分重要。他要認同隊牧的信仰價值，鼓勵同學在球場上，帶着信仰的立場比賽，除了要戰勝，也要活出誠實、勇敢、不驕傲、愛隊友、愛對手、肯認錯……等精神。如牧者及教練都一致同心，學生更能抓緊信仰；而教練的穩定性也很重要，過去五年，筆者曾與六位籃球教練、五位足球教練合作，發覺任教時間較長的教練，愈受學生愛戴。畢竟，感情及信任都需要時間培養的。曾經有一位在廣恩堂任教了四年的足球教練結婚了，他邀請學生足球隊在其婚禮獻唱。即使平日不喜歡唱詩歌的球員，也肯為他練習詩歌，足有個一月之久，而且還盛裝出席婚禮呢！

關於 Wargame 的活動，曾經有一次，廣恩堂與培基書院合辦一個關於時間管理的「親子工作坊」，我按講員的指引，帶領一羣學生商討時間管理的方法。工作坊結束後，我覺得內容精彩且實用，但我心想：「學生們只透過一次 20 多分鐘的討論，能掌握多少？記下多少？可以實行出來嗎？既然這年代的學生，一般都較容易在遊戲中學習，可否用另一種方法讓他們實習一下？」於是就請求籃球體育事工把平日的鎗戰遊戲改頭換面。讓學生可以在玩鎗戰之餘，溫習時間管理之道：如訂下目標、判斷事情的優次、計劃時間表、分配資源等……那次訓練之後，學生們都大聲喝采，高呼「過癮」，此外又能明白時間管理的重要性。

團契

學生團契的運作，是配合團契職員的培訓而進行，培訓採用師徒制。上學年由老師主導團契方向、週會內容及負責帶領聚會，下學年則由團契職員擔任以上各項工作，而老師則從旁協助。作為青少年事工的領袖，我們也得按照青少年的面貌及處境，調整及更新青少年的聚會內容，使他們能投入。所以，由學生學習主導是頗重要的。老師每逢週一午膳時段，都會與學生職員會聚餐及祈禱。

近年的福音週，就是激發學生主導的一個項目。老師先邀請機構（如學園傳道會）同工到學生團契作傳福音訓練，包括兩堂授課及一次實習。之後是一星期的午膳時段，作個人佈道。一位老師帶領着三至四位同學，在校內不同地方向同學傳福音。每次約有 20 多人出隊，傳福音後，會邀請初信者返栽培班，而栽培班中有牧者及老師，繼續邀請學生返教會聚會。

既然邀請學生返教會聚會，教會聚會必須要有吸引學生的地方。經過幾年對培基書院同學的觀察，我們發現他們喜愛精彩活潑的活動、愛熱鬧、欠缺長期的參與委身、週一至週六都要參與課外學習，非常忙碌。若要配合青少年的處境，則要強調以下幾點：

- 有委身的導師，與學生建立關係。
- 設計多元化、具吸引力、充滿互動、高參與度的青少年崇拜。
- 崇拜中有短詩敬拜、有短講（宜少於 25 分鐘）。
- 崇拜以外，要有不同形式的活動或聚會。
- 活動或聚會要讓青少年找到朋友、有歡樂、有感受、有信仰的傳遞。
- 為較成熟的青少年在崇拜時段以外，提供紮實的信仰教導。
- 為未能參與週六崇拜的青少年，提供其他時段的活動或聚會，如主日查經小組。

另外，培基書院的屬靈閱讀計劃也配合了師徒制培訓的同學，其運作如下：每班由老師選一位同學任「屬靈大使」。「屬靈大使」每兩週一次聚會，傳道同工及一位老師負責選擇屬靈文章，牧者會向「屬靈大使」講解文章內容及為「屬靈大使」祈禱。逢週五早上將文章派發給同學閱讀。閱畢文章後，「屬靈大使」會為全班同學禱告。

關心老師

老師是學校最前線展示信仰生命的人，必須為眾老師提供屬靈支持。因為老師是與學生接觸最多的人，支持老師，等於間接支持學生。老師也是堂校福音事工的橋樑，良好的溝通及彼此信任，有助深化福音工作。

傳道同工可參與每級老師的會議，了解前線老師的需要。牧者同樣可列席不同級別的恆常會議，每級一月一次，故此，牧者每月約有五至六次的機會，聆聽不同級別的老師近況，可為老師祈禱。雖然在實際工作上，牧者並不能分擔他們太多壓力，但這些定期會面，的確增進對老師的認識及關係，讓牧者更敏銳地感受老師之間的屬靈氣氛，從中把所知的，交託上主。日子久了，老師對牧者有了信任，亦會相約牧者訴苦及祈禱，有些老師更會邀請牧者在空堂時帶領查經，在真理中互相支持。

總結

從學校、堂會及機構的合作無間，擔任不同角色，彼此信任，各盡其職，讓人體驗聖靈既賜下不同的恩賜，也賜下合一的心，這都是極其寶貴的合作經驗。

從青少年對團契的投入，對傳福音的委身，讓人明白到叫人成為門徒，叫人成長的是大牧者耶穌。

從一個個家庭的生命改變，關係改善，讓人經歷到天父的愛，可以叫人彼此饒恕，又可向外流露情感。深願榮耀歸與祂。

3.4.5 附錄二：「1+4」內容及流程一覽

參與「1+4」的教牧同工，需要出席一系列的營會，讓同工生命重整。又藉參與課程，認識青少年牧養。在實踐所學時，要進入現場實習，並設計「探索實踐項目」。

一、實習

1. 青年領袖訓練營

- 透過團隊活動，提高參加者的彼此溝通及人際關係技巧。
- 藉着歷奇活動，提升個人自信及解決困難的能力，學習彼此支持及鼓勵，共同突破困境。
- 透過指令活動，加強情緒管理技巧，從而反思個人、朋輩、家庭及學校方面的生活體驗。

2. 福音營／靈命成長營

- 透過團隊活動，增進彼此認識，建立信任。
- 藉着主題活動，引發個人對生命及信仰的反省。
- 透過佈道晚會，直接帶出基督信仰，邀請青少年委身基督。

3. 教育營

- 透過團隊活動，提高參加者的溝通能力及人際關係技巧，預備面對環境轉變。
- 藉着歷奇活動，提升個人自信及解決困難的能力，學習彼此支持及鼓勵，共同突破困境。
- 透過指令活動，加強學生的表達能力，發掘個人的強弱之處，提升他們的領袖才能。

4. 合辦團體：基督教巴拿巴愛心服務團

「伴你同行」領袖培訓計劃是一個「成長輔助訓練」，目的是提升學員的抗逆力（Resilience），包括：效能感（Competence）、歸屬感（Belongingness）、樂觀感（Optimism），以協助他們面對成長的挑戰。活動內容包括小組活動、歷奇訓練及野外活動等。

服務對象：女性，年齡介乎 16 至 40 歲，她們是巴拿巴愛心服務團位於南丫島的訓練之家，接受為期 3 至 12 個月的戒藥 / 毒康復服務，並以福音戒毒為治療模式重點，她們因曾濫用藥物，經受戒藥 / 毒康復服務後，一般自我形象偏低，缺乏自信，期望提供適切的訓練，增強自信心，裝備她們重投社會，活出積極、健康的人生。

二、探索實踐

建議以堂會作為實習場景，設計及舉行一個「探索實踐項目」。

- 跟進營會的反省及整理，針對教會青少年事工的未來發展，你們曾提出有什麼值得關注的事項，請列出及按重要性排列其優先次序。可參考《健康堂會全模式暨校內堂會攻略》的提議，以作討論：a. 異象層，b. 基礎層，c. 事奉系統層，d. 堂會表現層。
- 以上所列的事項與先前所填寫的「教會青少年事工現況觀察指引」（頁 182-187）的研究，有沒有一些貼近或相關的狀況？從分析及探討，能否得着一些啟示？
- 在眾多提出值得關注的事項中，你們能否辨識背後核心的元素？請作出討論。
- 在辨識的過程中，你們能否看到上帝正在教會、事奉羣體，以及青少年受眾中，有什麼更新、拆毀或重建的工作，並藉此帶來一些新的衝擊、挑戰或機遇？
- 在等候的過程中，上帝有沒有給你們及羣體一些觸動的經文？你們可以藉此進入安靜、等候及尋求的旅程。上帝必透過查經及分享的過程，帶領你們一同領受異象、經歷羣體及隊工的建立，並得到印證及方向。
- 假如要更新有關元素，有什麼初步策略及方向需要注意？請討論及嘗試具體列出。
- 當得到上帝清晰的確認後，你們可以進一步為「探索實踐項目」設定行動計劃，有清晰的目標、期望、檢討指標及推行策略，以上的計劃及目標可以不斷經歷修正及調整。
- 尋求各人在隊工中的角色及職分，並禱告後，等候設定個人及小組學習目標。

· 在推行「探索實踐項目」的歷程中，各人及小組也必須有定期回顧及分享的機制，如填寫心靈札記、項目進度報告等。

· 小組最後需於 2008 年初，在總結營整理有關「探索實踐項目」之學習成果；然後嘗試舉行公開分享會，向眾教會分享三年來的學習體會、反省及對更新青少年事工和模式之得着。

建議可從〈尼希米記〉一至十二章興建城牆作反思及學習——

· **對處境的理解**——「他們對我説：『那些被擄歸回剩下的人在猶大省遭大難，受淩辱；並且耶路撒冷的城牆拆毀，城門被火焚燒。』」（尼一 3）

· **對處境的關注**——「我聽見這話，就坐下哭泣，悲哀幾日。」（尼一 4）

· **等候**——尼希米以四個月的時間，為耶路撒冷及以色列民祈禱，他的祈禱包括了為以色列民的犯罪而代求，並宣告確認上帝對子民的應許及立約。（尼一 4-12）

神的開路及印證（尼二 1-8）

· **孕育的信念及異象**——「以後，我對他們説：『我們所遭的難，耶路撒冷怎樣荒涼，城門被火焚燒，你們都看見了。來吧，我們重建耶路撒冷的城牆，免得再受淩辱！』我告訴他們我神施恩的手怎樣幫助我，並王對我所説的話。他們就説：『我們起來建造吧！』於是他們奮勇作這善工。」（尼二 17-18）

· **察看**——尼希米察看城牆的破損，細心辨識破口之處。（尼二 9-16）

· **策動**——尼希米面向羣眾分享有關興建城牆的異象。（尼二 17-20）

· **策略**——尼希米重建城牆的策略，是發揮團隊的精神，使之合一。（尼三）

· **結連** —— 跟進、協調、調整 —— 面對外族的攻擊和內敵的攪擾，怎樣帶領整個工程。(尼四至七)

· **重建聖潔的羣體** —— 尼希米帶領會眾宣讀律法書、遵守節期、禁食等，讓百姓認清自己的身分及與上帝的關係。(尼八、九)

· **成為委身的羣體** —— 以色列民以簽名、起誓及定例，表達他們對上帝的委身。(尼十)

· **成為慶祝的羣體** —— 當重建城牆的工程完成後，尼希米帶領會眾招聚、敬拜及行告成之禮，透過慶祝表達對上帝的感恩及向世人作見證。(尼十二)

三、教會青少年事工現況觀察指引

項目

1. Program 程序

- 形式：團契、主日學、崇拜、小組、外展事工、其他
- 內容
- 目標
- 異象

2. People 人物

- 參加者特質及其來源
- 工作者特質及其來源
- 強處與恩賜
- 限制與軟弱
- 羣體需要
- 羣體文化
- 可能的參加者
- 可能的工作者

3. Power 權力結構

- 與教會最高權力組織之關係及層次距離
- 橫向的關係及支援
- 隊工的參與性
- 年輕人的參與性
- 可動用的資源

4. Place 地點

- 可用的空間
- 開放性
- 適切性及限制
- 發展的可能性
- 與地區的關係

5. Proclamation 宣講

- 內容
- 形式
- 生命

6. Process 過程

- 接待性
- 鼓勵性
- 開放性
- 成長性
- 適切性
- 參與性

7. Partnership 夥伴

- 家長及家庭
- 教會其他單位
- 社區
- 學校
- 其他

8. Prayer 禱告

- 頻密度
- 形式
- 內容
- 參與性
- 感恩與代求
- 守望者

9. Presence 同在

- 聖靈的臨在
- 聖靈的作為

10. Performance 表現

- 事工的推展
- 人數的增長
- 羣體的建立
- 生命的更新
- 《聖經》的渴求
- 操練的長進
- 聖靈的果子

11. Pilgrimage 進程

- 傳揚福音
- 訓練門徒
- 培育領袖
- 生命見證

觀察後之反省

- 深刻感受
- 數算主恩
- 個人反省
- 教會信息
- 前瞻建議
- 生命委身

問卷

日期：

請按你教會的青少年事工的情況，回答以下問題，選出最能代表你的觀察 / 意見的答案，在適當的位置填上「✔」號：

	非常不同意	不同意	普通	同意	非常同意
1. 參與事工的同工（包括義工導師）足夠					
2. 目前青少年聚會的形式（團契、主日學、小組、崇拜等）能夠切合青少年的需要					
3. 同工、導師經常一起禱告守望					
4. 同工、導師與教會的最高領袖有良好的溝通及共識					
5. 在青年牧區 / 團契中，青少年會感到被接納 / 支持					
6. 青少年經常一起禱告守望					
7. 同工、導師與青少年的家長有良好關係					
8. 同工、導師的強處 / 恩賜在事工裏得以發揮					
9. 一般青少年聚會內容能滿足年輕人的需要 / 期望					
10. 同工、導師之間會互相分享見證					
11. 同工、導師與教會的其他單位（主日學、小組、其他團契等）有良好溝通、合作及共識					
12. 青年牧區 / 團契具有足夠開放性，鼓勵青少年以不同形式參與					

13. 青少年會互相分享見證					
14. 青少年牧者 / 導師關注並嘗試接觸社區中的其他青少年					
15. 同工、導師之間的關係良好，彼此配搭十分理想					
16. 青少年聚會或活動的目標清晰，並能達到					
17. 同工、導師常讀《聖經》					
18. 青少年有參與教會領導及團契 / 小組決策等的空間					
19. 在青年牧區 / 團契中，青少年的家庭同樣被關心和牧養					
20. 青少年常讀《聖經》					
21. 青少年事工常與教會以外的其他團體連繫或合作					
22. 同工、導師了解事工的事奉需要，並不斷提升自己					
23. 青少年事工的異象明確					
24. 同工、導師積極與人分享福音					
25. 教會有足夠資源（金錢及非金錢）支援青少年事工					
26. 青年牧區 / 團契能夠幫助青少年整體成長					
27. 青少年喜歡與人分享福音					
28. 青少年事工包括參與社區的活動或服務					

計分：

此問卷旨在讓你了解自己教會的青少年事工，在以下三個範圍：

1. 事工連繫性（包括核心同工 / 導師之間、教會內部及與教會以外組織）
2. 青少年事工的活動內容 / 程序及牧養工作
3. 事工肢體的屬靈狀況（包括核心同工 / 導師及青少年）等的情況。

請根據以上你所填的答案，在下面計分表填上分數（非常不同意：1 分；不同意：2 分；普通：3 分；同意：4 分；非常同意：5 分），並按指示將各項目分數相加。

範圍 / 項目	題目				題目總分（各項目最高分：20；最低分：4）	範圍總分
事工連繫性：						
· 事工的核心同工 / 導師	Q1：	Q8：	Q15：	Q22：	Q1+ Q8 + Q15 + Q22 =	
· 教會內部單位	Q4：	Q11：	Q18：	Q25：	Q4+ Q11 + Q18 + Q25 =	
· 非教會組織	Q7：	Q14：	Q21：	Q28：	Q7+ Q14 + Q21 + Q28 =	
事工內容：						
· 活動內容 / 程序	Q2：	Q9：	Q16：	Q23：	Q2+ Q9 + Q16 + Q23 =	
· 牧養工作	Q5：	Q12：	Q19：	Q26：	Q5+ Q12 + Q19 + Q26 =	
屬靈狀況：						
· 事工的核心同工 / 導師	Q3：	Q10：	Q17：	Q24：	Q3+ Q10 + Q17 + Q24 =	
· 青年牧區 / 團契青少年	Q6：	Q13：	Q20：	Q27：	Q6+ Q13 + Q20 + Q27 =	

四、建議評估過程之指引

1. 牧養人才：

評估的對象：教會內負責青少年牧養的教牧同工及導師
評估的形式 / 向度：個人、羣體

個人

- 透過個人等候、自我評估及小組交流分享，讓現時參與青少年事工的同工及導師，能確認個人牧養青少年的「異象與召命」。
- 各青少年工作者對教會青少年事工的異象，有多少程度的了解、認同及委身呢？以上資料有什麼啟示？
- 各青少年工作者可檢視個人異象與服侍教會青少年之異象，兩者之間的關係，在服侍過程中能否彼此豐富，還是常有矛盾衝突？其中有沒有發現一些啟示？

  反思個人的屬靈生命，對於承載及推行有關異象產生了什麼影響？
- 尋找合適機會及場景，向教會眾肢體傳遞有關信息，藉以尋找及呼召有「異象與召命」的信徒，並初步了解羣體中合適的肢體及人數，與需要服侍人數的比率是否合理。

羣體

- 檢視整個服侍團隊，各人具備的經驗、屬靈恩賜、被呼召的感動及崗位。各人的參與對現時教會內青少年事工發展的手法、內容及取向有什麼啟示？各人能否各盡其職、彼此配搭，並成為基督身體的合一。
- 檢視現時教會青少年事工的推動，怎樣孕育各名負責導師 / 工作者，建立成為服侍隊工？其中有沒有核心領袖 / Vision Bearer，隊工精神是否理想？

2. 裝備：

評估的對象：「1+4」參與者

評估的形式 / 向度：回顧過去「1+4」三年課程的經歷，反思現時教會的裝備有沒有涵蓋以下各方面的主題，情況或果效又是如何？

· 對異象、召命的深化及尋求
· 青少年工作者的素質
· 牧養青少年的內容及歷程，其中生命重整的重要性
·《聖經》如何看牧養及其職分
· 事奉技巧的提升，更新及多元性
· 21 世紀青少年文化對牧養的挑戰及回應
· 進入城市的重要性、教會與城市的關係

對於「1+4」培育的形式有什麼深刻的體會、反思及啟發，對於教會有什麼意義？

對於「1+4」的培育仍感到有欠缺之地方，請提出意見。

整合個人生命，在這三年的裝備課程中所經歷的更新及改變。

評估的對象：教會內負責青少年牧養的教牧同工及導師

評估的形式 / 向度：檢視現時教會內青少年工作者接受裝備的情況

· 提供裝備的來源 —— 教會內、教會外、宗派內
· 教會整體及各青少年工作者對裝備的重視程度、意識及預留的空間
· 具備的資源、網絡及教會投放在裝備青少年工作者的整體資源
· 對不同裝備需要的優先次序
· 時間性（短期、長期）
· 把學習運用於服侍中場景的意識

教會為青少年工作者提供裝備，要面對什麼困難、挑戰？如何回應與部署？

3. 模式：

評估的對象：堂主任，執事會代表、青少年部長、家庭牧養同工、主日學代表、各團契代表

評估的形式 / 向度：

· 請列出教會的組織架構圖，並解釋各部的功能及彼此間的連繫
· 教會決策及策劃的流程
· 細列與青少年牧養相關的部門，以及人手和事工分配的圖表
· 上述架構及組織能否達成「使命教會」的特色和目標
· 上述架構及組織在運作上的效果及效能，有什麼優點和缺點
· 教會對外的聯繫及網絡

4. 策略：

評估的對象：堂主任、青少年牧養的教牧同工、各部的部長及各團的團長

評估的形式 / 向度：

a. 請按現時教會內的牧養工作，列出有關「策略」的內容：
· 牧養對象（牧區、人口結構、社區狀況、青少年數目、家庭狀況）
· 牧養途徑（如何接觸及結連於青少年及家庭、外展途徑及活動內容，青少年佈道及牧養方式）
· 牧養內容（適切性、處境性、吸引性、活潑性、生活化）
· 牧養者的配搭（人數、角色、屬靈生命、異象、恩賜、經驗、隊工的建立及配搭）

b. 請檢討以上策略，是否清晰及有意識地指向目的及使命，推展的成效如何？有什麼欠缺的地方？

c. 請檢討有關策略是怎樣孕育出來、能否有效地獲得各參與事工的青少年工作者之認同，以及願意委身地推行；在推行時各青少年工作

者扮演什麼角色，推行過程中，又面對什麼困難及挑戰。

在未來的「策略」上有什麼部署及提議。

5. 成果：

評估的對象：青少年牧養的教牧同工、各青少年導師及各團的團長
評估的形式 / 向度：

請按以下提議之項目，評估過去兩年內，青少年牧養事工的成效及進展：

信徒個人成長的進度

· 對信仰的認識及追求
· 對上帝的渴慕及委身
· 對自己生命的更新
· 信仰對生活的影響
· 生活的見證
· 服侍的承擔

信仰羣體成長的進度

· 彼此關係的建立及委身
· 對教會整體的委身
· 異象的傳遞及推展
· 向外服侍的動力及見證
· 吸納及接待新朋友的空間及主動性

青少年受眾人數的增長及進度，新朋友留下繼續接受牧養的比率。

未來在牧養成果上有哪些項目要格外關注。

教會青少年牧養事工

評估過程建議：

人才：

匯聚教會負責青少年牧養的教牧同工及導師，透過個人等候、自我評估、再在小組交流分享中，得到印證；看看各人是否有青少年牧養的「異象與召命」。跟着進一步，再向教會眾肢體傳遞信息，尋找及呼召有「異象與召命」的信徒。

裝備：

評估「1+4」參與者在這三年內的領受及更新；並提出意見，在這個培訓過程中，仍有欠缺的地方。請現有參與青少年牧養的教牧同工及導師，詳細陳列曾經接受的相關培育；並按「生命、事奉、聖經、文化」四個範疇，反省自己裝備中的現況及未來需求。

模式：

邀請堂主任，執事會代表、青少年部長、家庭牧養同工、主日學代表、各團契代表參與這部分的評估。請列出：

- 教會的組織架構圖，並解釋各部的功能，以及彼此間的連繫
- 教會決策及策劃的流程
- 細列與青少年牧養相關的部門，以及人手和事工分配的圖表
- 上述架構及組織，能否達成「使命教會」的特色和目標
- 上述架構及組織在運作上的效果及效能，有什麼優點和缺點

策略：

請堂主任、青少年牧養的教牧同工、及各部的部長，以及各團的團長參與這項評估。

請回應策略之中三個領域的內容：

- 牧養對象
- 牧養途徑
- 牧養內容

請檢討策略、有哪些強項、哪些欠缺的地方。在未來的「策略」上有什麼部署。

成果：

- 請青少年牧養的教牧同工、各青少年導師，以及各團契長參與這項評估。
- 請按「牧養成果」的情況，評估各項內容過去兩年青少年牧養事工的進展。未來在牧養成果上，有哪些項目要格外關注？

五、「1+4」計劃理念

	事奉操練	生命成長	屬靈操練
第一年 生命操練	·觀察教會青少年事工現況 ·學習服侍態度（服侍體驗） ·確認恩賜、能力和限制 ·隊工建立	·學習重整架構，初步體會個人更新 ·牧者帶領組員經歷生命重整	·初步了解教會，屬靈操練傳統、現況及實踐 ·了解個人屬靈操練的生活
第二年 事工學習	·探索及初步嘗試教會本色化之青少年事工模式，進深服侍體驗（實習） ·學習與事工有關係之知識及技巧 ·凝聚青少年隊工	·嘗試帶領青少年隊工經歷重整 ·個人進深經歷生命重整 ·分享生命故事	·嘗試帶領青少年隊工經歷屬靈操練 ·深化個人屬靈操練生活 ·分享屬靈操練
第三年 進深培育	·初步建立教會本色化之青少年模式及策略 ·培訓義工 ·培育領袖	·建立教會生命重整文化	·建立教會的屬靈操練文化
跟進	·約見教會、更新運動、訂定檢討機制，過程檢視及分享		·閱讀：《作門徒的代價》、《屬靈操練禮讚》、《團契生活》、*Spring of Living Water*

圖 3.6　計劃理念

青少年牧養培訓元素：

- 推動教會青少年事工之更新及本色化
- 生命素質
- 隊工建立
- 異象傳遞
- 接駁突破及外間資源

本章參考書目

- 蔡蔭強，《健康教會全模式暨校內堂會攻略》，香港：天道書樓，2006。
- Marva Dawn. *The Sense of the Call: A Sabbath Way of Life for Those Who Serve God, the Church, and the World*. MI: Eerdmans, 2006.
- Rick Warren. *The Purpose Driven Life*. MI: Zondervan, 2002.（中譯：楊高俐理譯：《標竿人生：建造目的導向的人生》，台北：基督使者協會，2003。）
- Erik Rees. *S.H.A.P.E.: Finding And Fulfilling Your Unique Purpose for Life*. MI: Zondervan, 2006.（中譯：李永成，陳呂中瑛等譯：《活出生命特質》，基督徒使者協會，2007。）
- Neil Postman. *Amusing Ourselves to Death: Public Discourse in the Age of Show Business*. London: Penguin, 1985.
- Paulo Freire. *Education for Critical Consciousness*. New York: Continuum Books, 2005.
- Tapscott, D. & Williams, A. *Wikinomics: How Mass Collaboration Changes Everything*. London: Atlantic Book, 2006.
- Mcluhan, M. *The Medium is the Message*. CA: Gingko Press, 1960.
- Tapscott, D. *Growing Up Digital: The Rise of the Net Generation*. New York: McGraw-Hill, 1998.

Chapter 4

總結：

進入現場的青少年牧養與培訓

蔡元雲

共同突破

當一切不對
當心愛失去
仍是要好好去面對
當風光不再
當真理超載
仍願兩顆心去擔待
往事揮之不去
怎麼奮勇也不敵天意
前事也許始終不堪回首
一生願擺上　心機及心血
搖動祢的手　賜亮光
一刻尚心跳　恩典常溫暖
惟獨祢的掌聲　是我追求的
一天未應允　懇請聽禱告
容讓我的心聲　配合祢的吩咐

步入 21 世紀，是一個從來沒有人想像得到的新世界：911 美國遭受恐怖襲擊，改寫了國際關係；金融海嘯與歐債危機下，全球陷入經濟低谷，加劇貧富懸殊；阿拉伯之春演變成「阿拉伯之冬」：北非和中東面對管治危機；極權統治使多國人民受壓制；中國崛起引發列國的戒心，中國亦面臨制度改革的挑戰；i - 世代、facebook 改寫了青少年的文化土壤，價值觀念及生活方式……

如何與青少年同行，幫助新世代在多變的環境中成長、創路、尋找召命、回應神的呼召，是教會不能輕忽的使命。其中一個方向是學效基督，揀選門徒，一同進入羣眾的生活現場、文化現場；「道成肉身」，「有恩典，有真理」與人同行，進行「傳天國福音、教導、醫治、趕鬼」的服侍——「行公義，好憐憫，存謙卑的心與神同行」。

跟隨走上十架、復活的基督，要「捨己、背起自己的十架」。我們要徹底反思青少年牧養事工，以及青少年工作培訓的使命：

· 回歸神的話
· 建立「十字架的羣體」
· 倚靠聖靈的引導和能力
· 進入青少年的生活與文化現場
· 承擔青少年與培訓的使命
· 培育承擔「神的使命」的基督門徒

牧養新世代：跨代同行，承傳使命

主耶穌與門徒分離前留下重要的勸勉：「在世上，你們有苦難；但你們可以放心、我已經勝了世界。」（約十六 33）祂為信祂的人迫切祈求：「你怎樣差我到世上，我也照樣差他們到世上。……你所賜給我的榮耀，我已賜給他們，使他們合而為一，像我們合而為一。」（約十七 18、22）

現今的世界充斥苦難：地震、海嘯、風災、金融海嘯、反恐戰爭、管治危機；還有人間一切不測的病患、家變、情變……然而，主耶穌仍然在遍地透過祂的教會行公義、好憐憫，彰顯祂的恩典與榮耀。

2010 年在南非開普敦（Cape Town）舉行的第三屆洛桑福音會議，匯聚了來自 200 個國家，4000 位牧者和信徒；主要的信息是「同歸於一：一神、一信、一身、一使命」。會後出版一份重要的文件：《開普敦承諾》（*The Cape Town Commitment*），是萊特博士聯合多位知名的神學家及宣教學者撰寫的一份認信書，以神的愛和真理為中軸，重新確定基督徒的信仰根基和使命觀，並且承諾委身基督，以具體行動回應當今時代，承傳神的使命。

2011 年在印尼峇里島舉行的第八屆世界華人福音會議，亦招聚了超過 2000 位來自全球華人教會的牧者和信徒，同心探索「基督整全福音臨萬民」這主題。喜見神藉着分散全球的華人牧者和信徒，在諸般軟弱和困難中仍然成為基督的見證，祝福不同的國家和民族。在會中浮現三個重要議題，成為本文的關注焦點：

- 如何跨代結連和同行，承擔神的使命；
- 如何以全本《聖經》為基礎，認清神的整全使命；
- 如何倚靠聖靈、合而為一，跨越文化的藩籬，祝福萬邦萬民。

裝備新世代

跨代同行，生命的裝備：全球教會都面對青黃不接、交棒和接班的考驗，青少年信徒流失也是普遍現象。

我們用「交棒」來描繪教會中的新舊交替並不貼切；因為這是表達在賽跑中一個運動員跑完自己的一程，交棒給下一個運動員，自己則立即退出跑道。《聖經》中的兩代交接，是同行的過程：以利亞將象徵接班的外衣披在以利沙身上，仍與他同行多年，直至他被接升天前，才將外衣完全交給以利沙。摩西和約書亞、拿俄米和路得、末底改和以斯帖、保羅和提摩太等《聖經》例子都展示了跨代同行、生命影響生命的長線關係，值得我們參考。

教會中有主日學、門徒訓練、領袖培訓班及神學延伸課程等培育青少年信徒，可是一般都是「課程化」，偏重知識的傳遞，忽視了跨代同行，作青少年的「生命導師」。

當我回顧自己的成長，曾有多位「生命導師」與我長期同行，他們傳遞的不止於《聖經》知識、事奉經驗及專業知識；最重要的仍是生命的感染和屬靈導引。我將這些跨代同行經歷整理為「十堂課」，涵蓋了四個生命成長領域：

- 知、遇：生命關係的建立，召命的尋索
- 尋、根：多重身分的確定
- 靜、死、道：屬靈操練的「內程」(journey inward)
- 承、傳、行：生命成長及承擔使命的「外程」(journey outward)

唐慕華博士於 2008 年到香港主持講座時，分享「成長的八個向度」，正好與十堂課的領域配合：

- Downward 向下：領受從神來的恩惠
- Upward 向上：感恩、頌讚、敬畏
- Inward 向內：內在生命操練
- Outward 向外：進入現場的體驗和實踐
- Backward 向後：歷史中的文化及生命承繼
- Forward 向前：向召命邁進，見證基督
- Sideward 向橫：同行中建立羣體
- Toward 向未來：活在今天、迎向永恆

跨代同行不能簡化為課程，這是長線的生命互動關係，是以愛和真理為基礎，彼此建立，並與神同行，活出召命。在有限的篇幅中，將「跨代同行的十個元素」及「成長的八個向度」結合，成為一個圖表。(參圖 4.1)

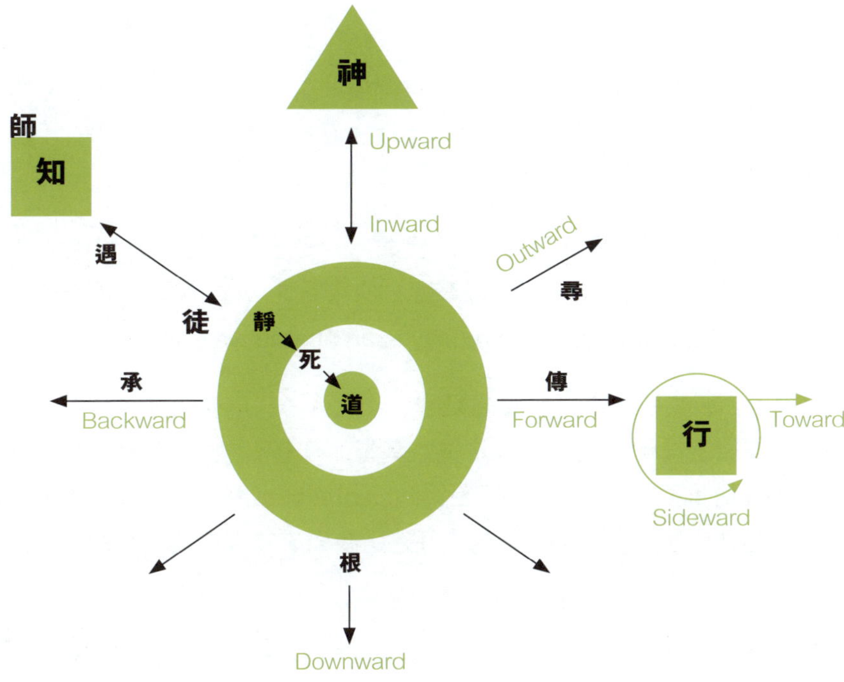

圖 4.1　師徒同行「十堂課」與成長八個向度

道即生命

跨代同行，《聖經》的裝備：斯托得牧師在 2011 年安息主懷，他曾經慨歎今天有些教會「有增長、缺深度」（growth without depth）。他深信信徒的生命成長不能缺少神話語的裝備。他在遺作《心意更新的教會》中仍在尋找：「21 世紀的提摩太在哪裏？」期望教會在生命與《聖經》真理上悉心裝備年輕的信徒。

畢生致力牧養信徒的畢德生（Eugene Peterson），亦藉着《聖經好好吃》（*Eat This Book: The Art of Spiritual Reading*）再次教導信徒如何「朗讀、默想、頌禱及活出」神的話。並且藉着神的話，倚靠祂的靈，活出基督的樣式。

跨代同行其中一個最好的互動學習模式是一同查考及實踐上主的話，就是倚靠聖靈，將《聖經》真理與生命、召命和當今處境結合的「生命查經」。

跨代同行並非單對單的二人跨代關係，是一同經歷在基督裏的羣體生活。唐慕華博士強調建立「基督羣體」的重要性：「基督的羣體是一個另類的社會」。（The Christian Community is an alternative society.）

要明白及體驗什麼是基督的羣體，一同查考〈以弗所書〉是十分珍貴的歷程。畢德生提醒我們「教會是復活基督的身體」，他在查考〈以弗所書〉時，發現最重要的主題是「實踐復活」（practice resurrection），在基督裏成長，並且讓聖靈以《聖經》為根基建造我們成為「復活基督的身體」。

跨代同行，整全使命：要按着全本《聖經》明白神整全的使命。萊特博士是斯托得牧師的接班人，全力推動發展中國家的《聖經》教導及培育神學教育學者。他不單是一位舊約《聖經》學者，更多年在印度宣教，他的著作《宣教中的上帝》（*The Mission of God*），被評為當代宣教神學中最重要的著作。

華人教會特別着重承擔主耶穌囑咐我們的「大使命」（太二十八 18-20）。「大使命」是神的使命的核心，其重要性不能置疑。然而我們不要忘記神的「原使命」（創一 26 - 二 3），其內涵包括了「關懷一切神創造之天地萬物」（Creation Care）；及「文化使命」（Cultural Mandate）：人要活出「神的形像」，家庭的建立，養育後代，管治一切受造之物；更要進入安息，與神結連，活出創造的主的創造原意，共創榮耀神的文化。

人墮落後，神揀選了亞伯拉罕及其屬靈子孫承擔「神的使命」，祝福萬國萬民（創十二 1-3，十七 1-8；加三 7-9）。因此，每個因信基督稱義的信徒，都在「神的使命」上有份，不單是承擔「大使命」，同時帶着不同的召命進入世界，在家庭、職場及社區中實踐福音使命及文化使命，祝福萬邦萬民。

一同查考神的話：牧養新世代，不單要尋求明白神整全的使命，並且要一同實踐神的使命；同行中彼此扶持，一同見證基督，觀看並參與神的作為。我們的主是「使命的神」（Missionary God），我們的教會是「使命教會」（Missionary Church），我們在基督裏，都是「神的使命的使者」（Ambassador for the mission of God）。

出到營外

進入現場，文化的裝備：畢德生強調基督是「道成肉身」的「神子」和「人子」，我們跟隨基督，也要學習祂住在人羣中，完成神交託的使命。畢德生在另一本著作當中展示基督是「進入現場」中服侍神、服侍人：祂「進入創造」、「進入歷史」，「進入社羣」（Christ plays in creation, Christ plays in history, Christ plays in community）。

培育下一代，不能只局限在四壁之內——教會、神學院、教室、輔導室……都是與世界有距離的處境。主耶穌囑咐我們「去」，成為「世上的光」、「世上的鹽」；成為世人的「鄰舍」、成為萬民的祝福——都是要求我們「道成肉身」，進入現場，活出召命。

進入現場，除了生命的裝備、《聖經》的裝備，也需要文化的裝備。正如使徒保羅是個多元文化人：猶太文化、希臘文化、羅馬文化、基督文化——他被召進入多元文化現場，亦具多元文化的裝備。

每個信徒與基督結連，在《聖經》中扎根，建立「基督文化」；在本城本土事奉神，需要明白本土文化。倘若我們服侍的對象是青少年，一定要明白當代的青少年文化（包括後現代文化、傳媒文化及數碼文化）；我們若被召承擔跨文化使命，則要明白受眾的獨特文化（可能是少數民族文化、穆斯林文化、後共產文化、日本文化、印度文化、韓國文化等）。

在眾多的宣教裝備材料中，我十分欣賞*Perspectives on The World Christian Movement*。他強調從四個視點闡釋宣教：《聖經》、歷史、文化及策略，值得每一個被召進入文化現場，承擔神的使命的信徒細讀。

跨代同行，一同研讀這些珍貴的材料，在小組中分享；再進而在真實的現場中，學習從四個不同的視點，認識我們服侍的對象及其文化，是十分難得的文化裝備。

跟從基督

牧養新世代，就是「跨代同行、承擔使命」；在這個主題下，我們探討了生命的裝備、《聖經》的裝備及文化的裝備。不要忘記的是，穿上神所賜的「全副軍裝」（弗六10-18），才能面對這場「屬靈爭戰」。真正的「生命師傅」只有一個，就是主耶穌基督；真正的「生命更新」是天父藉着聖靈及《聖經》所造成的——我們只是撒種、澆灌，是神叫生命生長。（林前三6）跨代同行，培育青少年；都是為了三一神的榮耀，為了承傳神的使命。在這末世，我們深信主必再來，神的國度必定降臨——神的使命將會「啟動新步伐」（Paradigm shift for the mission of God）。

本章參考書目

- 蔡元雲，〈同歸於一：一神、一信、一身、一使命〉，《今日華人教會》，香港：世界華人福音事工聯絡中心，2010，(12)：5。
- Lausanne Committee for World Evangelization. *The Cape Town Commitment*. Hendrickson Publishers Marketing, 2011.（中譯：《開普敦承諾》，靈風基金有限公司。）
- 蔡元雲，〈「使命、更新、接棒」——第八屆世界華人福音會議的深層意義〉，《神的使命——啟動新步伐》，香港：世界華人福音事工聯絡中心，2011，12-15。
- 蔡元雲，《生命影響生命》，香港：突破出版社，2008。
- Bob Biehl. *Mentoring: Confidence in Finding a Mentor and Becoming One*. Nashville, Tenn: Broadman & Holman, 1996.
- John Stott. "Looking for Timothys in the Twenty-First Century." *The Living Church: Convictions of a Lifelong Pastor*. Downers Grove, III: InterVarsity Press, 2007.（中譯：譚達峰譯：《心意更新的教會》，台北：校園書房出版社，2012。）
- Eugene H. Peterson. *Eat This Book: A Conversation in the Art of Spiritual Reading*. MI: Eerdmans, 2006.（中譯：吳蔓玲譯：《聖經好好吃》，台北：校園書房出版社，2008。）
- Eugene H. Peterson, *The Jesus Way: A Conversation on The Ways That Jesus Is The Way*. MI: Eerdmans, 2007.（中譯：郭秀娟譯：《耶穌的道路》，台北：校園書房，2009。）
- 蔡元雲，〈「聖經與生命」〉，《聖經的人生》，香港中文大學崇基神學院，2007，第167-178頁。(請參1.3「回歸《聖經》，身分重尋」)
- Marva Dawn and Eugene Peterson. *The Unnecessary Pastor: Rediscovering the Call*. MI: Eerdmans, 2000.（中譯：陳永財譯：《顛覆文化的牧養之道》，香港：天道書樓，2006。）
- Eugene H. Peterson. *Practice Resurrection: A Conversation on Growing Up in Christ*. MI: Eerdmans, 2010.（中譯：屈貝琴，黃叔惠譯：《復活的操練》，台北：校園書房出版社，2012。）
- Christopher J. H. Wright. *The Mission of God: Unlocking the Bible's Grand narrative*. Downers Grove, III: InterVarsity Press, 2006.（中譯：李望遠譯：《宣教中的上帝》，台北：校園書房出版社，2011。）
- Eugene H. Peterson. *The Word Made Flesh: The Language of Jesus in His Stories and Prayers*. London: Hodder and Stoughten, 2008.（中譯：郭秀娟譯：《天國的語言：向耶穌學說話，學禱告》，台北：校園書房出版社，2013。）

· Eugene H. Peterson. *Christ Plays in Ten Thousand Places: A Conversation in Spiritual Theology*. MI: Eerdmans, 2005.（中譯：徐成德、吳震環譯：《翱翔的基督》，台北：校園書房出版社，2010。）

· Ralph Winter and Steve C. Hawthorne. *Perspectives on The World Christian Movement: A Reader and The Study Guide*. Pasadena, CA: William Carey Library, 1992.（中譯：陳惠文編：《普世宣教運動面面觀》，Sunnyvale, CA：大使命中心，2006。）

· 蔡元雲編，《神的使命——啟動新步伐》，香港：世界華人福音事工聯絡中心，2011。